A TENTAÇÃO DE SANTO ANTÃO

Título original:
La tentation de saint Antoine

Autor:
Gustave Flaubert

Tradução:
Jorge Melícias

Revisão:
Sara Veiga

Capa:
Susana Villar

ISBN 978-989-9124-74-5

Depósito Legal n.º

Paginação:
MA

Impressão e acabamento:
?????

para
Minotauro
Maio de 2023

MINOTAURO, uma chancela de Edições Almedina, S.A.
Avenida Emídio Navarro, 81, 3D
3000-151 Coimbra / Portugal

A TENTAÇÃO DE SANTO ANTÃO

GUSTAVE
FLAUBERT

Tradução de Jorge Melícias

MINOTAURO

Índice

Prefácio

A tentação de (são) Flaubert

Confesso ter uma preferência pela *Tentação de Santo Antão.*

Porque não declarar desde já que nem *Salammbô* nem *Madame Bovary* me seduziram, um pelo seu imaginário erudito, atroz e suntuoso, o outro pela sua «verdade» de mediocridade meticulosamente reconstruída?

Flaubert, como o seu tempo, acreditava no valor do «documento histórico» e na observação completamente crua do presente. Mas esses eram ídolos vãos. O único real na arte é a arte.

Sendo o homem mais honesto do mundo, e o mais respeitável dos artistas, mas sem grande graça ou profundidade de espírito, Flaubert encontrava-se indefeso perante a fórmula algo simplista proposta pelo realismo e perante a ingénua autoridade que pretende basear-se em inúmeras leituras e na «crítica dos textos».

Esse realismo, em voga em 1850, fazia uma distinção muito pobre entre a observação precisa, à maneira dos eruditos, e a constatação grosseira e pouco seletiva das coisas, de acordo com a visão comum; confundia as duas, e a sua política opunha-as igualmente à paixão por embelezar e exagerar que denunciava e condenava no romantismo. Mas a observação «científica» exige operações definidas que possam transformar os fenómenos em produtos intelectuais utilizáveis: trata-se de transformar as coisas em números e os números em leis. Por outro lado, a literatura, que visa efeitos imediatos e instantâneos, almeja uma outra «verdade», uma verdade para todos e que, portanto, não se pode distanciar da visão de todos, daquilo que pode ser expresso pela linguagem corrente. Mas a linguagem corrente está na boca de todos, e a visão comum das coisas, como o ar que todos respiram, não tem qualquer valor, ao passo que a ambição essencial do escritor é, necessariamente, a de se distinguir. Essa oposição entre o próprio dogma do Realismo — a atenção dada ao banal — e a vontade de existir enquanto exceção e personalidade preciosa teve o efeito de estimular nos realistas o cuidado e o requinte estilísticos. Foram eles os criadores do estilo artístico. Empregavam na descrição dos objetos mais vulgares, por vezes mesmo dos mais desprezíveis, grandes esmeros e atenções, um trabalho e uma virtude verdadeiramente admiráveis; mas sem se aperceberem de que, dessa forma, estavam a laborar fora do princípio que defendiam, inventando uma outra «verdade», uma verdade fabricada por eles, toda ela fantástica. Colocaram, na realidade, as personagens mais vulgares, incapazes de se interessarem pelas cores, de apreciarem as formas das coisas, em ambientes cuja descrição havia exigido um olho de pintor, a emotividade de um indivíduo sensível a tudo aquilo que normalmente escapa ao homem comum. Esses camponeses, esses pequenos burgueses viviam e movimentavam-se, pois, num mundo que eram incapazes de ver, da mesma forma que o iletrado é incapaz de decifrar um texto. Se falavam, as suas inanidades e as suas proposições, baseadas em *clichés*, inseriam-se no sistema estudado de uma linguagem singular, ritmada, pesada palavra a palavra, que sentia esse respeito por si mesma e uma preocupação em fazer-se notada. O realismo acabava, curiosamente, por dar a impressão do artifício mais deliberado.

Uma das suas aplicações mais desconcertantes é aquela a que aludi há pouco e que consiste em tomar por «realidade» os dados que nos são oferecidos pelos «documentos históricos» sobre uma determinada época, mais ou menos longínqua, e a de tentar construir com base nesses escritos uma obra que desse a sensação da «verdade» desse tempo. Nada me é mais penoso do que imaginar a quantidade de trabalho despendido na elaboração de um conto sobre o fundamento ilusório de uma erudição sempre mais vã do que qualquer fantasia. Toda a fantasia pura tem a sua origem naquilo que há de mais autêntico no mundo, o desejo de se autocomprazer, e encontra o seu caminho nas disposições ocultas das diversas sensibilidades que nos compõem. Não inventamos senão aquilo que pode e quer ser inventado. Mas os produtos forçados da erudição são necessariamente impuros, uma vez que o acaso que proporciona ou não os textos, a conjetura que os interpreta, a tradução que os trai, misturam-se com a intenção, os interesses, as paixões do erudito, já para não falar das do cronista, do escriba, do evangelista ou do copista. Esse tipo de produção é o paraíso dos intermediários...

Eis o que pesa em *Salammbô*, e pesa em mim quando o leio. Retiro muito mais prazer em ler, livremente, contos da antiguidade fabulosa, como *La Princesse de Babylone*, ou o *Akëdysséril*, de Villiers, livros que não evocam outros livros.

(O que disse sobre a verdade nas *Lettres* também pode ser pensado em relação às obras que pretendem uma «verdade» na observação interior. Stendhal gabava-se de conhecer o coração humano, ou seja, de não o inventar. Mas o que nos interessa nele são, pelo contrário, os produtos de Stendhal. Quanto a torná-los parte de um conhecimento orgânico do homem em geral, essa intenção implicaria ou uma exigência muito modesta em relação a esse saber, ou uma confusão análoga àquela que poderíamos fazer entre o prazer atual proporcionado por iguarias deliciosas, pela preparação de uma refeição requintada, e a aquisição definitiva que constitui uma exata e impessoal análise química.)

Não é impossível que a suspeita das dificuldades que vão lado a lado com o desejo de realismo na arte, e as contradições que se desenvolvem assim que ele se torna imperativo, tenham favorecido no espírito de Flaubert a ideia de escrever uma *Tentação de Santo Antão*. Essa «tentação» — tentação de toda uma vida — era-lhe como um antídoto íntimo contra o tédio (que ela confessa) de escrever os seus romances de costumes modernos e de erguer monumentos estilísticos à platitude provincial e burguesa.

Um outro estímulo poderia tê-lo instigado. Não estou a pensar no quadro de Bruegel que ele viu no Palácio de Balbi, em Génova, em 1845. Essa pintura ingénua e intrincada, combinação de detalhes monstruosos — demónios cornudos, bestas hediondas, mulheres demasiado afetuosas, toda essa imaginação superficial e, por vezes, divertida —, talvez tenha despertado nele um desejo por diabruras, por descrições de seres impossíveis: de pecados encarnados, de todas as formações aberrantes do medo, do desejo, do remorso; mas o próprio impulso que o fez conceber e abordar a obra parece-me antes ter sido ativado pela leitura do *Fausto*, de Goethe. Entre *Fausto* e a *Tentação*, há uma similaridade de origens e uma relação óbvia entre os assuntos: origem popular e primeva, uma existência ambulante das duas lendas, que poderiam ser cotejadas «lado a lado», sob uma mesma epígrafe: o homem e o diabo. Na *Tentação*, o diabo ataca a fé do solitário, cujas noites enche com visões desesperadoras, doutrinas e crenças contraditórias, corruptoras, e luxuriosas promessas. Mas Fausto já leu tudo, conheceu tudo, já queimou tudo o que pode ser venerado. Ele esgotou por si próprio aquilo que o Diabo propõe ou demonstra por imagens a Antão, e não resta senão o amor mais juvenil como a única coisa que o pode ainda seduzir (o que eu acho bastante surpreendente). Por fim, ele acaba por se conceder, como pretexto extremo para o desejo de viver, uma espécie de paixão estética, uma sede suprema pelo Belo, uma vez que o nada do poder político e do ilusionismo das finanças lhe foi revelado pela experiência mefistofélica que teve. Fausto procura aquilo que ainda o pode tentar; Antão preferia não ser tentado.

Flaubert parece-me não ter feito mais do que vislumbrar que o tema da *Tentação* oferecia motivos, pretextos e oportunidades para uma obra verdadeiramente superior. Apenas os seus escrúpulos de exatidão e de referências revelam o que lhe faltava de espírito decisório e de vontade de composição para a condução do fabrico de uma máquina literária de grande potência.

Uma preocupação excessiva em maravilhar, através da multiplicidade de episódios, de aparições e de súbitas transformações, de teses e de múltiplas vozes, gera junto do leitor a sensação crescente de estar preso dentro de uma biblioteca que, repentina e vertiginosamente, se tivesse rebelado, na qual todos os tomos teriam desatado, ao mesmo tempo, a vociferar os seus milhões de palavras, e onde todas as caixas em revolta vomitassem, simultaneamente, as suas gravuras e os seus desenhos. «Ele leu de mais», diz-se do autor, como se diz de um bêbado que bebeu de mais.

Mas Goethe, em *Eckermann*, falando sobre a sua «Noite de Valpúrgis», diz o seguinte:

«Um número infinito de figuras mitológicas comprime-se para entrar; mas eu tenho cuidado. E não aceito senão aquelas que ostentam nos olhos as imagens que procuro.»

Essa sabedoria não aparece na *Tentação*. Flaubert foi sempre assombrado pelo Demónio do conhecimento enciclopédico, que tentou exorcizar ao escrever *Bouvard e Pécuchet*. Não lhe bastou, para alimentar Antão de prestígios, folhear as grandes coleções em segunda mão, os volumosos dicionários do tipo Bayle, Moreri, Trévoux e afins; explorou ao máximo os textos originais que conseguiu consultar. Positivamente, embriagou-se com fichas e notas. Mas tudo o que lhe foi exigido de trabalho, a torrente de personagens e de formulações que desolam a noite do anacoreta, tudo aquilo que ele oferece do seu espírito nas inúmeras entradas deste balé demoníaco, os temas dos deuses e das deidades, dos heresiarcas, dos monstros alegóricos, ele subtraía ou negava ao próprio herói, que permanece uma pobre e lastimável vítima no centro do infernal turbilhão de fantasmas e de erros.

Antão, convenhamos, pouco existe.

As suas reações são de uma frouxidão desconcertante. Surpreende-nos que ele não seja nem mais seduzido, nem mais deslumbrado; nem mais irritado ou indignado com aquilo que vê e ouve; que não encontre nem invetivas, nem zombarias, nem mesmo orações violentamente jaculadas para proferir contra a imunda mascarada e contra o fluxo de revoltantes ou blasfematórias frases de belo efeito que o perseguem. Ele é mortalmente passivo; não cede nem resiste; espera o fim do pesadelo, durante o qual não terá sabido senão bradar de forma bastante medíocre e de quando em quando. As suas réplicas são derrotas, e sentimos constantemente, à semelhança da Rainha de Sabá, um furioso desejo de o beliscar.

(Talvez isso o torne mais «verdadeiro», ou seja, mais parecido com a maioria dos homens? Não vivemos nós um sonho bastante aterrorizador e completamente absurdo, e que fazemos?)

Flaubert ficou como que inebriado pelo acessório em detrimento do principal. Submeteu-se à diversão dos cenários, dos contrastes, das precisões «engraçadas» dos detalhes, recolhidos, aqui e ali, em livros pouco ou mal frequentados: por conseguinte, o próprio Antão (mas um Antão que sucumbe) perdeu a sua alma — quer dizer, a alma do seu tema, que era a vocação desse tema para se tornar uma obra-prima. Passou ao lado de um dos mais belos dramas possíveis, uma obra de primeira ordem que exigia tê-lo sido. Ao preocupar-se muito pouco em animar poderosamente o seu herói, Flaubert negligenciou a própria substância do seu tema: não ouviu o apelo à profundidade. De que se tratava? Nada menos do que de representar aquilo a que se poderia dar o nome de fisiologia da tentação, toda essa mecânica essencial na qual as cores, os sabores, o quente e o frio, o silêncio e o ruído, a verdade e a falsidade, o bem e o mal, desempenham o papel de forças e se estabelecem em nós sob a forma de antagonismos sempre iminentes. É claro que toda a «tentação» resulta da ação da visão ou da ideia de algo que desperta em nós a sensação de que isso nos faltava. Cria uma necessidade que não existia ou que estava adormecida, e eis que, de repente, há um aspeto que nos modifica, uma das nossas faculdades que é solicitada, e todo o resto do nosso ser é arrastado por essa parte sobre-excitada. Em Bruegel, o pescoço do comilão alonga-se, estira-se em direção à comida que os seus olhos fixam, que as suas narinas cheiram, e pressentimos que toda a massa do corpo vai juntar-se à cabeça, que se terá juntado ao objeto do olhar. Na natureza, a raiz cresce em direção à humidade, a copa, em direção ao sol, e a planta forma-se de desequilíbrio em desequilíbrio, de cobiça em cobiça. A amiba deforma-se em direção à sua minúscula presa, obedece àquilo que vai transubstanciar, depois iça-se para o seu imprudente pseudópode e junta-se a ele. Este mecanismo é o de toda a natureza viva; o Diabo, infelizmente!, é a própria natureza, e a tentação é a condição mais evidente, a mais constante, a mais inelutável de toda a vida. Viver é sentirmos, a cada instante, a falta de algo — modificarmo-nos para o alcançarmos — e, desse modo, tendermos a regressar ao estado de sentirmos a falta de algo. Vivemos do instável, pelo instável, no instável: esse é o ponto de toda a Sensibilidade, que é o móbil diabólico da vida dos seres organizados. Que há de mais extraordinário para se tentar conceber, e que pode haver de mais «poético» para implementar do que essa força irredutível que é tudo para cada um de nós, que coincide exatamente connosco próprios, que nos move, que nos fala e é falada em nós, que se torna prazer, dor, necessidade, desgosto, esperança, força ou fraqueza, que dispõe de valores e que faz de nós anjos ou bestas, dependendo da hora ou do dia? Penso na variedade, nas intensidades, na versatilidade da nossa substância sensível, nos seus infinitos recursos virtuais, nos seus incontáveis reveses, através dos jogos pelos quais ela se divide contra si mesma, se engana a si mesma, multiplica as suas formas de desejo ou de rejeição, se faz inteligência, linguagem, simbolismos, que desenvolve e combina para compor estranhos mundos abstratos. Não duvido que Flaubert tivesse plena consciência da profundidade do seu tema; mas dir-se-ia que teve medo de mergulhar nele até ao ponto em que tudo aquilo que poderia ser aprendido já não conta para nada... Por isso, dispersou-se em demasiados livros e mitos; perdeu o pensamento estratégico, refiro-me à unidade da sua composição que poderia unicamente residir num Antão de quem Satanás tivesse sido uma das almas... A sua obra permanece como uma diversidade de momentos e de fragmentos; mas há alguns deles escritos para sempre. Da forma como se apresenta, olho-a com reverência, e nunca a abro sem encontrar nela razões para admirar mais o seu autor do que a ela.

Paul Valéry

À memória do meu amigo Alfred Le Poittevin
falecido em La Neuville-Chant-d'Oisel
a 3 de Abril de 1848

A TENTAÇÃO DE SANTO ANTÃO

I

É na Tebaida — no cume de uma montanha, num planalto arredondado em meia-lua e cercado de grandes rochedos.

A cabana do Eremita fica no fundo. É feita de barro e de canas, de teto raso, sem porta. Distingue-se no interior uma bilha e pão escuro; no centro, sobre uma estela de madeira, um grande livro; no chão, aqui e ali, filamentos de esparto, duas ou três esteiras, um cesto, uma faca.

A dez passos da cabana, há uma longa cruz plantada no solo; e, na outra ponta do planalto, uma velha palmeira torcida inclina-se para o abismo, pois a montanha é talhada a pique, e o Nilo parece formar um lago na base da falésia.

A vista é cortada à esquerda e à direita pela barreira de rochas. Mas do lado do deserto, como praias que se sucedem, imensas ondulações paralelas, de um louro acinzentado, estendem-se uma após a outra, subindo sempre —; depois, para lá das areias, muito ao longe, a cordilheira líbia forma uma muralha cor de giz, ligeiramente esfumada por vapores violáceos. Em frente, o sol desce. A norte, o céu tem um tom cinzento-pérola, enquanto, no zénite, nuvens púrpuras, dispostas como tufos de uma crina gigantesca, se estiram na abóbada azul. Estes raios incandescentes escurecem, as partes azuis adquirem uma palidez nacarada; os arbustos, as pedras, a terra, tudo parece agora duro como o bronze; e paira no ar uma poeira de ouro tão fina que se confunde com a vibração da luz.

SANTO ANTÃO

que tem uma barba comprida, longos cabelos e uma túnica de pele de cabra, está sentado de pernas cruzadas, tecendo esteiras. Assim que o sol desaparece, solta um grande suspiro e, fitando o horizonte, diz:

Mais um dia! Mais um que passa!

Outrora, porém, não me sentia tão miserável!

Antes do fim da noite, iniciava as minhas orações; depois, descia ao rio para ir buscar água e voltava a subir pela acidentada vereda com o odre ao ombro, cantando hinos. Em seguida, entretinha-me a arrumar a cabana. Pegava nas minhas ferramentas; esforçava-me por que as esteiras ficassem todas do mesmo tamanho e as cestas leves; pois as minhas mais ínfimas ações pareciam-me então deveres que nada tinham de penoso.

A horas certas, abandonava o meu trabalho; e, rezando de braços abertos, sentia como que uma fonte de misericórdia derramar-se dos altos céus sobre o meu coração. Agora, a fonte secou. Porquê?...

Caminha lentamente ao longo da barreira de rochas.

Todos me criticaram quando saí de casa. A minha mãe prostrou-se, profundamente abatida, a minha irmã acenava-me de longe para que regressasse; e a outra chorava, Amonária, essa menina que eu encontrava todas as tardinhas à beira da cisterna, aonde levava os seus búfalos. Ela correu atrás de mim. As argolas que trazia nos pés brilhavam na poeira, e a túnica, aberta sobre os quadris, flutuava ao vento. O velho asceta que me conduzia injuriou-a. Os nossos camelos continuaram a galopar; e não voltei a ver ninguém.

Primeiro, fixei residência no túmulo de um Faraó. Mas um feitiço circula nesses palácios subterrâneos, onde as trevas parecem adensadas pelo antigo fumo das ervas aromáticas. Do fundo dos sarcófagos, ouvi elevar-se uma voz dolente que me chamava; ou então, via ganharem vida, de repente, as coisas abomináveis pintadas nas paredes; e fugi para as margens do mar Vermelho, para uma cidadela em ruínas. Ali, tinha por companhia escorpiões que rastejavam por entre as pedras e, por cima da minha cabeça, águias que continuamente volteavam no céu azul. À noite, era dilacerado por garras, mordido por bicos, roçado por asas macias; e demónios medonhos, uivando nos meus ouvidos, atiravam-me ao chão. Uma vez, cheguei mesmo a ser socorrido pelas pessoas de uma caravana que se dirigia para Alexandria e que me levaram com elas.

Quis então instruir-me com o bom velho Dídimo. Apesar de ser cego, ninguém o igualava no conhecimento das Escrituras. Quando a lição terminava, pedia o amparo do meu braço para passear. Levava-o até ao Paneum, de onde se avista o farol e o alto-mar. Voltávamos depois pelo porto, abrindo passagem por entre homens de todas as nações, até mesmo cimérios, vestidos de pele de urso, e gimnosofistas do Ganges, besuntados com bosta de vaca. Mas, invariavelmente, havia alguma disputa nas ruas, fosse por causa dos judeus que se recusavam a pagar o imposto, fosse por causa dos sediciosos que queriam expulsar os Romanos. Além disso, a cidade está cheia de heréticos, de sectários de Maniqueu, de Valentim, de Basílides, de Ário —, todos eles saindo-nos ao caminho para discutirem e nos persuadirem.

Os seus discursos vêm-me por vezes à memória. Por mais que as tentemos ignorar, essas coisas perturbam.

Refugiei-me em Colzim; e a minha penitência foi tamanha que deixei de ter medo de Deus. Alguns homens juntaram-se à minha volta para se tornarem anacoretas. Impus-lhes uma regra prática, de ódio às extravagâncias da Gnose e às asserções dos filósofos. De todo o lado me chegavam mensagens. Vinham ver-me de muito longe.

Entretanto, o povo torturava os confessores, e a sede de martírio arrastou-me para Alexandria. À minha chegada, as perseguições haviam cessado há três dias.

Quando me preparava para regressar, um grande ajuntamento de pessoas reteve-me diante do templo de Serápis. Segundo me disseram, tratava-se de um último exemplo que o governador queria dar. No meio do pórtico, em plena luz do dia, uma mulher nua estava amarrada a uma coluna e dois soldados fustigavam-na com azorragues; a cada golpe, todo o seu corpo se contorcia. Ela virou-se, de boca aberta —; e, por cima da multidão, através dos longos cabelos que lhe cobriam o rosto, julguei reconhecer Amonária...

No entanto... aquela era mais alta..., e bela..., prodigiosamente bela!

Passa as mãos pela testa.

Não! Não! Não quero pensar nisso!

Noutra ocasião, Atanásio chamou-me para o ajudar contra os Arianos. Tudo não passou de invetivas e chacota. Mas, desde então, ele foi caluniado, desapossado do seu cargo, obrigado a fugir. Onde está ele agora? Não sei! Ninguém se dá ao trabalho de me trazer notícias. Todos os meus discípulos me abandonaram, até mesmo Hilarião!

Devia ter quinze anos quando chegou; e a sua inteligência era tão voraz que a toda a hora me fazia perguntas. Depois, escutava com um ar pensativo —; e tudo aquilo de que precisava, ele mo trazia sem abrir a boca, mais lesto do que um cabritinho e com uma alegria capaz de contagiar até mesmo os patriarcas. Era um filho para mim!

O céu está rubro, a terra completamente negra. Sob as rajadas de vento, nuvens de areia levantam-se como grandes sudários, que logo tombam. De repente, numa nesga de céu, passa um bando de aves formando um batalhão triangular, semelhante a um pedaço de metal, de que apenas os extremos vibram.

Antão observa-as.

Ah, como gostaria de as seguir!

Quantas vezes não contemplei, também com inveja, os grandes barcos, cujas velas se assemelham a asas, sobretudo quando levavam para longe aqueles que eu havia acolhido! Que belos momentos passáramos juntos! Quantas efusões! Nenhum me interessou tanto como Ámon; ele descrevia-me a sua viagem a Roma, as Catacumbas, o Coliseu, a piedade das senhoras ilustres e tantas coisas mais!... e não fui capaz de partir com ele! De onde me vem esta obstinação em perseverar em semelhante vida? Devia ter ficado com os monges de Nítria, como tanto me suplicaram. Vivem em celas separadas e, contudo, comunicam entre si. Aos domingos, a trombeta toca para que se reúnam na igreja, onde estão penduradas três palmatórias que servem para punir os delinquentes, os ladrões e os intrusos, pois a sua disciplina é severa.

E, contudo, não lhes faltam certos deleites. Fiéis levam--lhes ovos, frutas e mesmo instrumentos próprios para extrair espinhos dos pés. Há vinhedos em torno de Pisperi, e os de Pabena têm uma jangada para irem buscar provisões.

Mas eu teria servido melhor os meus irmãos sendo simplesmente um padre. Socorrem-se os pobres, administram-se os sacramentos, tem-se autoridade junto das famílias.

De resto, nem todos os leigos são abomináveis, e só de mim dependia ter-me tornado... por exemplo... gramático, filósofo. Teria no meu quarto uma esfera feita de canas, tabuinhas de escrever sempre à mão, jovens à minha volta e, pendurada na minha porta, como insígnia, uma coroa de louros.

Mas há demasiado orgulho em tais triunfos! Antes tivesse sido soldado. Eu era robusto e audacioso —, o bastante para puxar os cabos das máquinas, atravessar as florestas sombrias, entrar, de elmo na cabeça, em cidades fumegantes!...

Nada me impedia também de comprar com o meu dinheiro um cargo de publicano no pedágio de alguma ponte; e os viajantes ter-me-iam contado histórias, mostrando-me nas suas bagagens uma quantidade enorme de objetos curiosos...

Nos dias festivos, os mercadores de Alexandria navegam no rio Canopo e bebem vinho em cálices de lótus, ao som dos tamborins que fazem estremecer as tabernas ao longo das margens! Mais além, árvores podadas em forma de cone protegem do vento sul as quintas tranquilas. O telhado da casa grande é sustentado por colunetas finas, juntas como os balaústres de um clerestório; e, através desses intervalos, o senhor, reclinado num longo assento, abarca com a vista todos os seus campos, com os caçadores no meio do trigo, o lugar onde se vindima, os bois que calcam a palha. Os seus filhos brincam no chão, a sua mulher inclina-se para o beijar.

Na escuridão alvacenta da noite, aparecem, aqui e ali, focinhos pontiagudos, com orelhas espetadas e olhos brilhantes. Antão avança para eles. O saibro resvala, os animais fogem. Era uma alcateia de chacais.

Só um ficou, firmado em duas patas, o corpo em semicírculo e a cabeça de lado, numa atitude desconfiada.

Como é bonito! Gostaria de lhe passar a mão suavemente pelo dorso.

Antão chama-o com um assobio. O chacal desaparece.

Ah, vai juntar-se aos outros! Que solidão! Que tédio!

Rindo com amargura:

Que bela existência, torcer ao fogo hastes de palmeiras para fazer cajados, entrançar cestos, entretecer esteiras, e depois trocar tudo isso com os nómadas por pão bom para partir os dentes! Ah, como sou miserável! Será que isto não terá fim? Antes a morte! Não aguento mais! Basta! Basta!

Bate o pé e põe-se a andar às voltas no meio dos rochedos em passo acelerado, depois, sem fôlego, para, rompe em soluços e prostra-se no chão, de lado.

Está uma noite serena; uma infinidade de estrelas palpita; só se ouve o rebuliço das tarântulas.

Os dois braços da cruz projetam a sua sombra na areia; Antão, que chora, entrevê-a.

Como sou fraco, meu Deus! Coragem, de pé!

Entra na cabana, tira um carvão das cinzas, acende uma tocha e espeta-a na estela de madeira, de forma a iluminar o grande livro.

Se eu lesse... os Atos dos Apóstolos!... Sim!... Ao acaso!

«Viu o céu aberto e uma grande toalha que descia pelas quatro pontas, na qual havia toda a espécie de animais terrestres e de feras selvagens, de répteis e de aves; e uma voz disse-lhe: Pedro, levanta-te! Mata e come!»

O Senhor queria, portanto, que o seu apóstolo comesse de tudo?!... Ao passo que eu...

Antão afunda o queixo no peito. O frémito das páginas, que o vento agita, fá-lo levantar a cabeça, e lê:

«Os Judeus mataram à espada todos os seus inimigos e perpetraram uma grande carnificina, de modo que fizeram o que quiseram daqueles que odiavam.»

Segue-se a contagem das pessoas mortas por eles: setenta e cinco mil. Eles tinham sofrido tanto! De resto, os seus inimigos eram os inimigos do verdadeiro Deus. E como devem ter regozijado com a vingança, massacrando os idólatras! A cidade, sem dúvida, transbordava de mortos! Havia-os à entrada dos jardins, nas escadarias, empilhados a tal altura nas casas que era já impossível abrir as portas!... — E aqui estou eu atolado em ideias de morticínio e de sangue!

Abre o livro noutra passagem.

«Nabucodonosor prostrou-se com o rosto no chão e adorou Daniel.»

Ah, está bem! O Altíssimo exalta os seus profetas acima dos reis; este, no entanto, vivia em festins, continuamente ébrio de prazeres e de orgulho. Mas Deus, punindo-o, transformou-o numa besta. Caminhava em quatro patas!

Antão desatou a rir; e, esticando os braços, percorreu, com a ponta dos dedos, as folhas do livro. Os seus olhos depararam-se com esta frase:

«Ezequias alegrou-se muito com a sua chegada. Mostrou--lhes os seus perfumes, o seu ouro e a sua prata, todas as suas especiarias, os seus unguentos, todos os seus vasos preciosos, e tudo o que havia nos seus tesouros.»

Imagino... que haveria pedras semipreciosas, diamantes, daricos amontoados até ao teto. Um homem que possui tamanha acumulação de riqueza já não é igual aos outros. Remexendo nela, ele deve pensar que tem entre as mãos o resultado de uma quantidade infinita de esforços, tal como a vida dos povos que ele sugou e que pode derramar a seu bel-prazer. Esta é uma precaução que é útil aos reis. Os mais sábios de todos não esquecem isso. As suas frotas traziam-lhe marfim, macacos... Onde está isso?

Folheia com rapidez.

Ah, aqui está!

«A Rainha de Sabá, conhecendo a glória de Salomão, veio tentá-lo, propondo-lhe enigmas.»

Como esperava ela tentá-lo? O Diabo bem se esforçou por tentar Jesus!

Mas Jesus triunfou porque era Deus, e Salomão também, graças talvez à sua ciência de mágico. Ela é sublime, essa ciência! Porque o mundo — assim mo explicou um filósofo — forma um conjunto em que todas as partes influem umas nas outras, como os órgãos de um corpo que é único. Trata-se de conhecer as atrações e as repulsões naturais das coisas, para depois as pôr em jogo? Poder-se-ia, pois, modificar o que parece ser a ordem imutável?

Agora as duas sombras desenhadas por trás dele pelos braços da cruz projetam-se para a frente. Formam como que dois grandes cornos; Antão brada:

Socorro, meu Deus!

A sombra volta à sua primeira forma.

Ah!... foi uma ilusão! Nada mais! — Não adianta de nada eu atormentar o meu espírito! Não há nada que eu possa fazer!... Absolutamente nada!

Senta-se e cruza os braços.

No entanto... julguei ter sentido a aproximação... Mas porque viria Ele? De resto, não conhecia eu os seus artifícios? Afastei o monstruoso anacoreta que me oferecia, rindo, pãezinhos quentes, o centauro que tentava levar-me na sua garupa — e aquela criança negra, que era muito bela, que apareceu no meio das areias e que me disse chamar-se o espírito da fornicação.

Antão caminha rapidamente para a direita e para esquerda.

Foi por minha ordem que se construíram todos estes retiros sagrados cheios de monges usando cilícios sob as suas peles de cabra, e tão numerosos que poderiam formar um exército! Curei doentes sem lhes tocar, expulsei demónios; atravessei o rio por entre crocodilos; o imperador Constantino escreveu-me três cartas; Balácio, que tinha cuspido nas minhas cartas, foi dilacerado pelos seus cavalos; o povo de Alexandria, quando voltei a aparecer, lutava para me ver, e Atanásio reconduziu-me à estrada. Mas, também, que obras fiz! Há mais de trinta anos que estou no deserto, a gemer todos os dias! Carreguei às costas oitenta arráteis de bronze, como Eusébio, expus o meu corpo à picada dos insetos, como Macário, permaneci cinquenta e três noites sem pregar olho, como Pacómio; e aqueles que são decapitados, a quem aplicam o suplício das tenazes ou que são queimados, têm, talvez, menos virtude, pois a minha vida é um martírio contínuo!

Antão abranda o passo.

Por certo, não haverá ninguém em tão profunda angústia! Os corações caridosos rareiam cada vez mais. Já não me dão nada. O meu manto está gasto. Não tenho sandálias, nem sequer uma gamela! — porque eu distribuí pelos pobres e pela minha família todos os meus bens, sem reter um óbolo. Mais que não fosse, para ter as ferramentas de que preciso para o meu trabalho eu precisaria de algum dinheiro. Oh, não muito! Uma pequena soma!... Eu saberia geri-la.

Os Padres de Niceia, em vestes de púrpura, enfileiravam-se como magos, em tronos, ao longo da parede; e foram regalados com um banquete, cumulando-os de honrarias, principalmente Pafúncio, por ser zarolho e coxo desde a perseguição de Diocleciano! O Imperador beijou várias vezes o seu olho vazado; que parvoíce! De mais a mais, o Concílio era constituído por membros tão infames! Um bispo da Cítia, Teófilo; outro da Pérsia, João; um guardador de gado, Esperidião! Alexandre estava já demasiado velho. Atanásio deveria ter mostrado mais brandura para com os arianos, a fim de obter deles algumas concessões!

Eles tê-las-iam feito! Mas não me quiseram ouvir! Aquele que falava contra mim — um robusto jovem com uma barba frisada — lançava-me, com um ar tranquilo, objeções capciosas, e, enquanto eu procurava as palavras certas, eles não paravam de me olhar com os seus rostos maldosos, uivando como hienas. Ah, pudesse eu convencer o Imperador a exilá-los a todos, ou melhor, a surrá-los, a esmagá-los, que eu os visse sofrer! Também eu sofro, e muito!

Apoia-se de encontro à sua cabana, enfraquecido.

É de jejuar em demasia! Estou a perder as forças. Se eu comesse... só uma vez, um pedaço de carne.

Semicerra os olhos, languidamente.

Ah, carne vermelha!... Trincar um cacho de uvas!... Leite coalhado tremendo num prato!...

Mas o que é que se passa comigo!... O que é que se passa comigo!... Sinto o meu coração a inchar como o mar, quando o mar cresce antes da tormenta. Uma profunda prostração oprime-me, e pelo ar quente parece-me circular o perfume de uma cabeleira. E, todavia, nenhuma mulher veio?...

Vira-se para o pequeno caminho entre as rochas.

É por ali que elas chegam, balançando nas suas liteiras, nos braços negros dos eunucos. Descem e, juntando as mãos, carregadas de anéis, ajoelham-se. Contam-me as suas inquietações. A necessidade de uma volúpia sobre-humana tortura-as; desejariam morrer, viram nos seus sonhos deuses que as chamavam —; a orla dos seus vestidos roça os meus pés. Eu repilo-as. «Oh, não!», dizem, «Ainda não! Que devo eu fazer!» Todas as penitências lhes servem. Pedem as mais difíceis, querem partilhar a minha, viver comigo.

Faz já muito tempo que não vejo nenhuma! Será que virão? Porque não? Se, de repente... eu ouvisse o tinir dos badalos das mulas subindo a montanha. Parece-me que...

Antão sobe a uma rocha, situada à entrada da vereda; e inclina-se, perscrutando insistentemente as trevas.

Sim! Lá em baixo, bem lá no fundo, uma massa que se move, como gente procurando o seu caminho. Lá está! Enganam-se.

Chamando:

Por aqui! Vem! Vem!

O eco repete: Vem! Vem!

Deixa cair os braços, estupefacto.

Que vergonha! Ah, pobre Antão!

E logo de seguida ouve murmurar: «Pobre Antão!»

Há alguém aí? Respondei!

O vento que passa pelas fendas das rochas produz modulações; e nas suas sonoridades confusas, ele distingue VOZES, *como se o ar falasse. São baixas e insinuantes, sibilantes.*

A PRIMEIRA

Queres mulheres?

A SEGUNDA

Uma grande pilha de dinheiro, em vez disso!

A TERCEIRA

Uma espada reluzente?

AS OUTRAS

— Todo o Povo te admira!

— Dorme!

— Degolá-los-ás, vai, degolá-los-ás!

Ao mesmo tempo, os objetos transformam-se. Na beira da falésia, a velha palmeira, com a sua ramagem de folhas amarelas, torna-se o tronco de uma mulher debruçada sobre o abismo, e cujos longos cabelos ondulam.

ANTÃO

vira-se para a sua cabana; e o escabelo que suporta o grande livro, com as suas páginas carregadas de letras negras, parece-lhe um arbusto completamente coberto de andorinhas.

É a tocha, sem dúvida, que produz um jogo de luzes. Apaguemo-la!

Apaga a tocha, escuridão profunda.

E, de repente, formando-se em pleno ar, primeiro uma poça de água, depois uma prostituta, a esquina de um templo, a silhueta de um soldado, uma biga puxada por dois cavalos brancos que se empinam.

Estas imagens surgem abruptamente, às sacudidelas, destacando-se de encontro à noite como pinturas escarlates num fundo de ébano.
O seu movimento acelera. Desfilam de uma forma vertiginosa. Outras vezes, param e desvanecem-se gradualmente, fundem-se; ou então voam e imediatamente surgem outras.

Antão fecha as pálpebras.

Elas multiplicam-se, rodeiam-no, sitiam-no. Invade-o um pavor indescritível; e ele não sente mais do que uma contração ardente no seu epigástrio. Apesar do tumulto na sua cabeça, apercebe-se de um silêncio enorme que o separa do mundo. Tenta falar, impossível! É como se toda a ligação do seu ser se dissolvesse; e, não podendo mais resistir, Antão cai sobre a esteira.

II

É então que uma grande sombra, mais subtil do que uma sombra natural, e franjada por outras sombras ao longo das suas bordas, se projeta no chão.

É o Diabo, apoiado contra o telhado da cabana e abrigando sob as suas duas asas — como um gigantesco morcego que alimentasse as suas crias — os Sete Pecados Capitais, cujas cabeças que esboçam caretas se deixam entrever vagamente.

Antão, de olhos sempre fechados, delicia-se com a inação em que jaz, os seus membros esparramados sobre a esteira.

A esteira parece-lhe cada vez mais macia — de tal forma que a sente acolchoada, alçada, transformada numa cama, a cama transformando-se em chalupa; a água marulha contra os seus costados.

À direita e à esquerda, erguem-se duas línguas de terra negra que dominam campos cultivados, com um sicómoro de quando em quando. Um rumor de guizos, de tambores e de cantores ressoa ao longe. É gente que se dirige para Canopos para dormir no templo de Serápis para terem sonhos. Antão sabe-o bem —; e desliza, empurrado pelo vento, entre as duas margens do canal. As folhas dos papiros e as flores vermelhas das ninfeias, maiores do que um homem, dobram-se sobre ele. Ele está estendido no fundo da barca; um remo, na parte de trás, arrasta-se pela água. De vez em quando, sopra uma brisa tépida, e os delgados juncos entrechocam-se. O murmúrio das pequenas vagas diminui. Uma letargia toma conta dele. Sonha que é um solitário do Egito.

Logo se ergue em sobressalto.

Será que sonhei?... era tudo tão nítido que fico na dúvida. A língua arde-me! Tenho sede!

Entra na sua cabana e tateia ao acaso por todo o lado.

O chão está húmido!... Terá chovido? Aqui! Cacos! A minha bilha partida!... E o odre?

Encontra-o.

Vazio! Completamente vazio!

Para descer até ao rio, precisaria de três horas, pelo menos, e a noite está tão cerrada que não conseguiria dar com o caminho. As minhas entranhas revolvem-se. Onde está o pão?

Após uma longa busca, junta uma côdea de pão mais fina do que a casca de um ovo.

O quê? Tê-lo-ão levado os chacais? Ah, maldição!

E, em fúria, atira a côdea por terra.

Assim que o faz, aparece uma mesa repleta de um sem--número de iguarias.

A toalha de bisso, estriada como as faixas das esfinges, produz por si só ondulações luminosas. Em cima dela, há enormes peças de carne vermelha, grandes peixes, aves com as suas penas, quadrúpedes com os seus pelos, frutos de uma coloração quase humana; e pedaços de gelo branco e jarros de cristal violeta refletindo-se no fogo. Antão distingue no meio da mesa um javali fumegando por todos os poros, as patas sob o ventre, de olhos semicerrados —; e a ideia de poder comer aquele animal formidável alegra-o enormemente. Depois, há coisas que ele nunca viu, picados negros, geleias douradas, guisados em que flutuam cogumelos como nenúfares em lagoas, mousses *tão leves que se assemelham a nuvens.*

E o aroma de tudo aquilo traz-lhe o cheiro salgado do Oceano, a frescura das fontes, o intenso perfume dos bosques. Ele dilata as suas narinas o mais que pode; baba-se; diz para si mesmo que tem ali comida para um ano, para dez anos, para toda a sua vida!

À medida que passeia por aqueles manjares os seus olhos esbugalhados, outros se acumulam, formando uma pirâmide, cujos ângulos desabam. Os vinhos começam a fluir, os peixes palpitam, o sangue nas travessas borbulha, a polpa dos frutos avança como lábios apaixonados; e a mesa cresce até ao seu peito, até ao seu queixo —, ele retira apenas um prato e um pão, que se encontravam mesmo à sua frente.

Pega no pão. Outros pães aparecem.

A mim!... Todos! Mas...

Antão recua.

Em vez de um só, olha quantos! É um milagre, então, o mesmo que fez o Senhor!...

Com que objetivo? Ah, tudo o mais não é menos incompreensível! Oh, demónio, vai-te embora! Vai-te embora!

Pontapeia a mesa. Ela desaparece.

Nada ficou? — Não!

Respira profundamente.

Ah, a tentação era forte! Mas livrei-me dela!

Levanta a cabeça, e tropeça num objeto que retine.

O que é isto?

Antão abaixa-se.

Aqui! Uma taça! Algum viajante a terá perdido. Nada de extraordinário...

Humedece o dedo e esfrega a taça.

Isto reluz! É metal! Contudo, não distingo bem...

Acende a sua tocha e examina a taça.

É de prata, ornada de enfeites ovais na borda, com uma medalha no fundo.

Arranca a medalha com a unha.

É uma moeda que vale... sete ou oito dracmas; não mais! Não importa! Com ela poderei muito bem arranjar uma pele de ovelha.

Um reflexo da tocha ilumina a taça.

Não é possível! É de ouro!... Sim! Toda em ouro!

Uma outra moeda, maior, encontra-se no fundo da taça. Debaixo desta, descobre várias outras.

Mas isto tudo junto é uma quantia razoável... o suficiente para ter três bois... um pequeno pedaço de terra!

A taça está agora cheia de moedas de ouro.

Vejamos, então! Uma centena de escravos, soldados, muitos, dá até para comprar...

Os enfeites na borda da taça desprendem-se, formando um colar de pérolas.

Com uma joia destas, conquistar-se-ia até a mulher do Imperador!

Num rompante, Antão enrola o colar no pulso. Segura a taça com a mão esquerda e, com o outro braço, levanta a tocha para melhor o iluminar. Como água que escorresse da bacia de um fontanário, derramam-se aos borbotões — a ponto de se formar um montículo na areia — diamantes, rubis e safiras misturados com grandes moedas de ouro, ostentando as efígies de reis.

Como? Como? Estáteres, ciclos, daricos, ariandicos! Alexandre, Demétrio, os Ptolemeus, César! Nenhum deles teve tanto! Nada agora é impossível! Acabou o sofrimento! E estes clarões que me encandeiam! Ah! o meu coração transborda! Como é bom! Sim!... Sim!... Mais! Nunca será suficiente! Podia despejar continuamente esta riqueza no mar, que ainda me sobraria muito. Mas para quê desperdiçar? Guardarei tudo; sem nada dizer a ninguém; mandarei cavar uma câmara na rocha com o interior forrado a folhas de bronze — e irei lá, para sentir as pilhas de ouro afundarem sob o peso dos meus calcanhares; nelas mergulharei os meus braços como em sacos de grãos. Quero esfregar a cara no ouro, deitar-me sobre ele!

Larga a tocha para abraçar a pilha; e cai de bruços no chão.

Levanta-se. O lugar está completamente vazio.

Que fiz eu?

Se tivesse morrido neste instante, era o inferno! O inferno irremissível!

Treme da cabeça aos pés.

Estarei amaldiçoado? Ah, não! A culpa é minha! Caio em todas as armadilhas! Não há ninguém mais imbecil e infame. Devia cobrir-me de pancada, ou melhor, arrancar-me do próprio corpo! Há demasiado tempo que me retraio! Preciso de me vingar, de ferir, de matar! É como se tivesse na alma um bando de feras ferozes. Gostaria de, a golpes de machado, no meio de uma multidão... Ah, um punhal!...

Vê a sua faca e atira-se a ela. A faca escorrega-lhe da mão, e Antão encosta-se à parede da cabana, a boca escancarada, imóvel — cataléptico.

Tudo o que está ao seu redor desaparece.

Imagina-se em Alexandria, no Paneum, montanha artificial rodeada por uma escadaria em caracol, erguida no centro da cidade.

À sua frente, estende-se o lago Mareótis, à direita, o mar, à esquerda, o campo, e — mesmo à frente dos seus olhos, uma confusão de telhados planos, atravessados de sul para norte e de este para oeste por duas ruas que se entrecruzam e que formam, em toda a sua extensão, uma fila de pórticos com capitéis coríntios. As casas que se inclinam para esta dupla colunata têm janelas com vidros coloridos. Algumas têm enormes caixas de madeira do lado de fora, onde o ar do exterior se engolfa.

Monumentos de diferentes arquiteturas comprimem-se uns de encontro aos outros. Pilões egípcios encimam templos gregos. Obeliscos surgem como lanças entre ameias de tijolos vermelhos. No meio das praças, Hermes de orelhas pontiagudas e Anúbis com cabeça de cão. Antão distingue mosaicos nos pátios e, nas traves dos tetos, tapetes pendurados.

Abarca, com um relance, os dois portos (o Grande Porto e o Eunoste), ambos redondos como dois circos, e separados por um molhe que liga Alexandria à escarpada ilhota sobre a qual se ergue a torre do farol, quadrangular, com uma altura de quinhentos côvados e nove andares — com uma pilha de carvão fumegante no topo.

Pequenos portos interiores recortam os portos principais. O molhe, em cada uma das suas extremidades, é rematado por uma ponte assente sobre colunas de mármore que entram pelo mar. Velas passam por baixo; e pesadas barcaças que transbordam de mercadorias, barcas-talamegos com incrustações em marfim, gôndolas cobertas por um tendal, trirremes e birremes, todos os tipos de embarcações circulam ou arribam nos cais.

À volta do Grande Porto, há uma sucessão ininterrupta de construções reais: o palácio dos Ptolemeus, o Museum, o Posidium, o Cesareu, o Timonium onde Marco António se refugiou, o Soma que contém o túmulo de Alexandre —; enquanto no outro extremo da cidade, depois do Eunoste, se avistam, num arrabalde, fábricas de vidro, de perfumes e de papiro.

Vendedores ambulantes, carregadores, condutores de burros, correm, esbarram uns nos outros. Aqui e ali, um sacerdote de Osíris com uma pele de pantera ao ombro, um soldado romano com um capacete de bronze, muitos negros. No limiar das lojas, as mulheres param, artesãos trabalham; e a chiadeira das bigas faz debandar as aves que debicam no chão as sobras dos açougues e os restos de peixe.

Sobre a uniformidade das casas brancas, o desenho das ruas lança como que uma rede negra. Os mercados repletos de ervas formam ramalhetes verdes, nos secadouros das tinturarias, paletas de cores, os ornamentos dourados nos frontões dos templos como pontos luminosos — tudo isso circunscrito ao recinto oval dos muros acinzentados, sob a abóbada do céu azul, à beira do mar imóvel.

Mas eis que a multidão se detém e olha para ocidente, de onde avançam enormes turbilhões de poeira.

São os monges de Tebaida, vestidos com peles de cabra, armados de mocas, berrando um cântico de guerra e de religião com o seguinte refrão:

«Onde estão eles? Onde estão eles?»

Antão compreende que eles vêm para matar os arianos.

Num ápice, as ruas esvaziam-se — e só se veem pés a correr.

Os solitários estão agora na cidade. Os seus bordões formidáveis, guarnecidos com pregos, rodopiam como sóis de aço. Ouve-se o estrondo de coisas partidas no interior das casas. Há intervalos de silêncio. Depois, erguem-se clamores.

De um extremo ao outro das ruas, é um redemoinho de gente apavorada.

Muitos deles empunham piques. Por vezes, dois grupos encontram-se, tornam-se um só; e essa massa desliza sobre as lajes, separa-se, abate-se. Mas reaparecem sempre os homens de cabelo comprido.

Espirais de fumo levantam-se das esquinas dos edifícios. Os batentes das portas rebentam. Lanços de paredes colapsam. Arquitraves desabam.

Antão encontra todos os seus inimigos, um após o outro. Reconhece alguns que havia esquecido; antes de os matar, ultraja-os. Estripa, degola, arrasta os velhos pela barba, brutaliza as crianças, espanca os feridos. E vingam-se do luxo; aqueles que não sabem ler rasgam livros; outros partem tudo, danificam estátuas, pinturas, mobiliário, cofres, mil coisas delicadas das quais ignoram o uso, e que, por isso, os exasperam. De vez em quando, param, esbaforidos, depois recomeçam.

Os habitantes, refugiados nos pátios, gemem. As mulheres levantam aos céus os olhos cheios de lágrimas e os braços nus. Para aplacarem os solitários, agarram-se-lhes aos joelhos; eles derrubam-nas; e o sangue espirra por todos os lados, escorre ao longo das paredes, jorra do tronco de cadáveres decapitados, inunda os aquedutos, forma por terra grandes poças vermelhas.

Antão está mergulhado em sangue até aos jarretes. Caminha nele; sorve as gotículas que se depositaram nos seus lábios, e estremece de alegria ao senti-lo contra os seus membros, sob a sua túnica de pelo de sangue empapada.

A noite cai. O imenso clamor apazigua-se.

Os solitários desapareceram.

Subitamente, nas galerias exteriores que bordejam os nove andares do farol, Antão entrevê grandes linhas negras que parecem corvos pousados. Corre para lá e dá por si no topo.

Um grande espelho de cobre, virado para o alto-mar, reflete os navios que se encontram ao largo.

Antão entretém-se a olhar para eles; e, à medida que olha, o seu número aumenta.

Estão amontoados num golfo que tem a forma de um crescente. Atrás deles, num promontório, desdobra-se uma cidade nova de arquitetura romana, com cúpulas de pedra, telhados cónicos, mármores rosas e azuis e uma profusão de bronze aplicado às volutas dos capitéis, às cristas das casas, aos ângulos das cornijas. Um bosque de ciprestes domina a cidade. A cor do mar é mais verde, o ar mais frio. Sobre as montanhas, no horizonte, há neve.

Antão procura o seu caminho quando um homem o aborda e lhe diz: «Vinde! Sois esperado!»

Antão atravessa um fórum, entra num pátio, abaixa-se para transpor uma porta; e chega diante da fachada do palácio decorada por um grupo de estátuas em cera que representa o imperador Constantino a matar um dragão. Uma fonte de pórfiro tem no centro uma concha de ouro cheia de pistachos. O seu guia diz-lhe que pode tirar alguns. Ele tira.

Depois, deambula como que perdido por uma sucessão de aposentos.

Ao longo das paredes de mosaico, veem-se generais oferecendo ao Imperador, na palma da mão, cidades conquistadas. E, por todo o lado, encontram-se colunas de basalto, grades em filigrana de prata, assentos de marfim, tapeçarias bordadas com pérolas. A luz cai das abóbadas, Antão continua a andar. Circulam tépidas exalações; ouve, por vezes, o discreto ruído de umas sandálias. Postados nas antecâmaras, guardas — que parecem autómatos — portam aos ombros bastões de prata dourada.

Por fim, chega ao limiar de uma sala que termina lá ao fundo em cortinados de jacinto. Estes abrem-se e revelam o Imperador, sentado num trono, envergando uma túnica roxa e calçado com borzeguins vermelhos com ataduras pretas.

Um diadema de pérolas cinge a sua cabeleira disposta em rolos simétricos. Tem as pálpebras caídas, o nariz retilíneo, uma fisionomia pesada e dissimulada. Nos cantos do dossel, aberto sobre a sua cabeça, estão quatro pombas de ouro e, aos pés do trono, dois leões de esmalte, agachados. As pombas desatam a arrulhar, os leões a rugir, o Imperador revira os olhos, Antão avança; e, logo de seguida, sem qualquer preâmbulo, os dois falam sobre os acontecimentos. Nas cidades de Antioquia, de Éfeso e de Alexandria, os templos foram saqueados, e com as estátuas dos deuses fizeram-se bilhas e marmitas; o Imperador ri-se muito. Antão censura-o pela sua tolerância para com os Novacianos. Mas o Imperador logo se enfurece; Novacianos, Arianos, Melecianos, todos o enfastiam. Admira, todavia, o episcopado, porquanto dependendo os cristãos dos bispos, bispos esses que dependem, por sua vez, de cinco ou de seis personagens, basta conquistar o favor daqueles para se ter do seu lado todos os outros. Por essa razão, nunca deixou de os prover de somas consideráveis. Mas detesta os padres do Concílio de Niceia. — «Vamos vê-los!» Antão segue-o.

Estão os dois no mesmo plano, num terraço.

O terraço domina um hipódromo cheio de pessoas e que se encontra por cima dos pórticos, por onde o resto da multidão se passeia. No centro do campo de corrida, estende-se uma plataforma estreita, plataforma essa que alberga ao longo da sua extensão um pequeno templo de Mercúrio, a estátua de Constantino, três serpentes de bronze entrelaçadas, grandes ovos de madeira numa das extremidades, e, na outra, sete delfins com as caudas no ar.

Por trás do pavilhão imperial, os Prefeitos das câmaras, os Condes dos serviçais e os Patrícios dispõem-se até ao primeiro andar de uma igreja cujas janelas estão todas preenchidas por mulheres. À direita, está a tribuna da fação azul, à esquerda, a da verde, por baixo, um piquete de soldados e, ao nível da arena, uma fileira de arcos coríntios, formando a entrada dos camarotes.

As corridas estão prestes a começar, os cavalos alinham-se. Grandes penachos, fixados entre as suas orelhas, balançam ao vento como árvores; e eles sacodem, nos seus movimentos, as bigas em forma de concha, conduzidas por cocheiros vestidos com uma espécie de couraça multicolor, de manga estreita no punho e larga nos braços, as pernas nuas, barbas crescidas, cabelos rapados na fronte à moda dos Hunos.

Num primeiro momento, o barulho das vozes ensurdece Antão. De cima a baixo, ele não divisa senão rostos maquilhados, trajes garridos, peças de ourivesaria; e a areia do hipódromo, muito branca, brilha como um espelho.

O Imperador conversa com Antão. Confia-lhe coisas importantes, secretas, confessa-lhe o assassinato do seu filho Crispo, pede-lhe mesmo conselhos no que toca à sua saúde.

Entretanto, Antão repara em alguns escravos no fundo dos camarotes. São os padres do Conselho de Niceia, vestidos com farrapos, abjetos. O mártir Pafúncio escova a crina de um cavalo, Teófilo lava as patas de outro, João unta os cascos de um terceiro, Alexandre recolhe o esterco num cesto.

Antão passa pelo meio deles. Os padres abrem uma ala, suplicam-lhe que interceda por eles, beijam-lhe as mãos. A multidão vaia-os em uníssono; e Antão retira um desmesurado prazer da sua degradação. Ele que é agora um dos grandes da Corte, confidente do Imperador, primeiro--ministro! Constantino cinge-lhe a fronte com o seu diadema. Antão aceita-o, tomando essa honra por algo simples.

Logo a seguir, vê-se nas trevas de uma sala imensa, esparsamente iluminada por candelabros de ouro.

Colunas tão altas que se encontram meio perdidas nas sombras vão-se alinhando em fila para lá das mesas que se estendem até ao horizonte — horizonte esse onde aparecem, num vapor luminoso, escadarias sobrepostas, sequências de arcadas, colossos, torres e, por trás, uma quase indefinida orla de palácios sobranceira a alguns cedros, formando no meio da escuridão massas ainda mais negras.

Os convidados, coroados com violetas, apoiam-se com os cotovelos em camas muito baixas. Ao longo dessas duas filas, ânforas inclinadas vertem vinho —; e lá mesmo ao fundo, sozinho, envergando a tiara e coberto de rubis, come e bebe o rei Nabucodonosor.

À direita e à esquerda do rei, duas filas de padres usando chapéus pontiagudos balançam incensórios. Por terra, debaixo dele, rastejam os reis cativos, sem pés nem mãos, a quem ele atira ossos para roerem; por baixo, estão os seus irmãos, de pé, com vendas nos olhos — sendo todos eles cegos.

Um pranto ininterrupto sobe das profundezas dos ergástulos. Os sons suaves e lentos de um órgão hidráulico alternam com o coro das vozes; e sente-se que a toda a volta da sala há uma cidade incomensurável, um oceano de homens cujas ondas batem de encontro às paredes.

Os escravos correm transportando travessas. Mulheres circulam oferecendo de beber, os cestos rangem sob o peso dos pães; e um dromedário, carregado com odres perfurados, vai e vem, deixando correr verbena para refrescar as lajes.

Beluários trazem leões. Bailarinas, com o cabelo preso em redes, rodopiam sobre as suas mãos, soltando fogo pelas narinas; saltimbancos negros fazem malabarismos, crianças nuas atiram bolas de neve umas às outras, bolas essas que se desfazem ao baterem contra as ostreiras de prata. O clamor é tão formidável que dir-se-ia uma tempestade, e uma nuvem flutua sobre o festim, tantas são as carnes e os vapores. Por vezes, uma faúlha dos grandes archotes, levada pelo vento, cruza a noite como uma estrela cadente.

O rei limpa os perfumes do rosto com o braço. Come dos vasos sagrados, depois parte-os; e enumera interiormente as suas frotas, os seus exércitos, os seus povos. Em breve, por capricho, incendiará o palácio com os convivas lá dentro. Pretende reedificar a Torre de Babel e destronar Deus.

De longe, Antão lê, na fronte do rei, todos os seus pensamentos. Eles penetram em Antão — e ele torna-se Nabucodonosor.

Logo se sente saciado de excessos e de extermínios; e é tomado pelo desejo de se espojar na baixeza. De resto, a degradação daquilo que apavora os homens é um ultraje feito aos seus espíritos, mais uma forma de os estupeficar; e como nada é mais vil do que uma besta bruta, Antão põe-se de quatro em cima da mesa e bufa como um touro.

Sente uma dor na mão — uma pedra feriu-o, por acaso — e dá por si diante da sua cabana.

O recinto dos rochedos está vazio. As estrelas brilham. Tudo é silêncio.

Mais uma vez me iludi! Porquê estas coisas? Todas elas vêm da sublevação da carne. Ah, miserável!

Precipita-se para dentro da sua cabana, pega num feixe de cordas com ganchos metálicos nas pontas, desnuda-se até à cintura e, levantando a cabeça para o céu:

Aceita a minha penitência, ó meu Deus! Não a desdenhes pela sua fraqueza. Tornai-a incisiva, longa, excessiva! É chegada a hora! Mãos à obra!

Fustiga-se vigorosamente.

Ai! Não! Não! Sem piedade!

Recomeça.

Oh! Oh! Oh! Cada golpe rasga-me a pele, corta-me os membros. Arde-me horrivelmente!

Ah! Não é assim tão terrível! Habituamo-nos. Parece-me mesmo que...

Antão detém-se.

Continua, cobarde! Continua! Isso! Isso! Nos braços, nas costas, no peito, contra o ventre, em todo o lado! Assobiai, azorrague, mordei-me, dilacerai-me! Quem me dera que as gotas do meu sangue jorrassem até às estrelas, que o açoite fizesse estalar os meus ossos, expusesse os meus nervos! Tenazes, potros, chumbo derretido! Os mártires sofreram muitos mais! Não é verdade, Amonária?

A sombra dos cornos do Diabo reaparece.

Poderia bem ter sido amarrado a uma coluna perto da tua, frente a frente, à tua vista, respondendo aos teus gritos com os meus suspiros; e as nossas dores ter-se-iam fundido, as nossas almas ter-se-iam misturado.

Flagela-se com fúria.

Toma, toma! Isto é para ti! Mais!... Mas eis que uma sensação de deleite me percorre. Que suplício! Que delícias! São como beijos. O meu âmago funde-se! Morro!

E vê à sua frente três cavaleiros montados em ónagros, vestidos com túnicas verdes, segurando lírios nas mãos e muito parecidos de rosto.

Antão vira-se e vê três outros cavaleiros, igualmente parecidos, em ónagros semelhantes, na mesma postura.

Recua. Então os ónagros, todos ao mesmo tempo, dão um passo em frente e esfregam o focinho contra Antão, tentando morder a sua roupa. Vozes gritam: «Por aqui, por aqui, é aqui!» E estandartes aparecem entre as fendas da montanha, cabeças de camelo enfiadas em cabeçadas de seda vermelha, mulas carregadas com bagagens e mulheres cobertas por véus amarelos, escarranchadas em cavalos malhados.

As bestas ofegantes deitam-se, os Seus escravos precipitam-se para os fardos, tapetes multicolores são desenrolados, objetos brilhantes são espalhadas pelo chão.

Um elefante branco, couraçado por uma rede de ouro, surge, sacudindo o feixe de penas de avestruzes que traz preso ao seu frontal.

Sobre o dorso, entre almofadas de lã azul, pernas cruzadas, pálpebras semicerradas e balançando a cabeça, está uma mulher tão esplendorosamente vestida que irradia um clarão à sua volta. A multidão prostra-se, o elefante dobra os joelhos, e

A RAINHA DE SABÁ

deixando-se escorregar por um flanco, desce para os tapetes e avança em direção a Santo Antão.

O seu vestido de brocado de ouro, dividido uniformemente em fileiras de pérolas, jade e safiras, cinge-lhe as formas num corpete justo, realçado por apliques coloridos que representam os doze signos do Zodíaco. Usa coturnos muito altos, um dos quais é preto e semeado de estrelas de prata, com uma lua crescente —, e o outro, que é branco, está coberto por gotículas de ouro com um sol no meio.

As suas mangas largas, guarnecidas de esmeraldas e de plumas de pássaros, deixam a nu o seu pequeno braço roliço, adornado no pulso por uma pulseira de ébano, e as suas mãos carregadas de anéis culminam em unhas tão afiladas que as pontas dos dedos quase parecem agulhas.

Uma gargantilha em ouro liso passa-lhe sob o queixo e sobe ao longo das suas bochechas, enrolando-se em espiral à volta do penteado, polvilhado de pó azul; depois, descendo, aflora-lhe os ombros, indo prender-se no peito a um escorpião de diamantes, que alonga a língua entre os seus seios. Duas grandes pérolas douradas pendem-lhe das orelhas. A borda das suas pálpebras está pintada de negro. Tem na face esquerda uma pinta castanha natural; e respira com a boca aberta, como se o seu corpete a incomodasse.

Agita, ao caminhar, um guarda-sol verde com um cabo de marfim, orlado de sinos carmesins —; e doze negrinhos de carapinha carregam a longa cauda do seu vestido, cuja extremidade é segurada por um macaco que, de quando em quando, a levanta.

Ela diz:

Ah! Belo eremita! Belo eremita! O meu coração desfalece!

À força de bater o pé de impaciência, já fiquei com calos no calcanhar, e parti uma das minhas unhas! Enviei pastores a procurarem-te na distância destas montanhas, e caçadores que gritaram o teu nome nos bosques, e espiões que percorreram todos os caminhos perguntando a quantos passavam: «Havei-lo visto?»

À noite, chorava, o rosto virado contra a parede. Com o tempo, as minhas lágrimas cavaram dois pequenos buracos no mosaico, como as poças de água salgada que se encontram nos rochedos à beira-mar, porque eu amo-te! Oh, sim! Muito!

Ela pega na barba dele.

Ri, pois, belo eremita! Ri! Eu sou muito alegre, verás! Tanjo a lira, danço como uma abelha, e conheço muitas histórias para contar, cada uma mais divertida do que a outra. Nem imaginas o longo caminho que percorremos. Eis aqui os ónagros dos correios verdes, mortos de cansaço.

Os ónagros estão prostrados por terra, imóveis.

Durante três luas cheias, não pararam de correr, com uma pedra nos dentes para cortar o vento, as suas caudas sempre levantadas, os seus jarretes sempre dobrados, e galopando sempre. Nunca se encontrarão iguais! Foram-me deixados pelo meu avô materno, o imperador Saharil, filho de Iakhschab, filho de Iaarab, filho de Kastan. Ah, se eles ainda fossem vivos, atrelá-los-íamos a uma liteira para regressarmos rapidamente a casa!

Mas... como?... Em que pensas?

A Rainha examina Antão.

Ah, quando fores meu marido, vestir-te-ei, perfumar-te-ei, depilar-te-ei!

Antão permanece imóvel, rígido como uma estaca, pálido como um morto.

Estás com um ar triste; é por deixares a tua cabana? Eu deixei tudo por ti — até mesmo o rei Salomão, que é, ainda assim, profundamente sábio, que tem vinte mil carros de guerra e uma bela barba! Trouxe-te os meus presentes de núpcias. Escolhe.

Ela passeia-se entre as filas de escravos e as mercadorias.

Eis aqui bálsamo do mar da Galileia, incenso do cabo Gardefan, ládano, canela e sílfio, bom para usar em molhos. Ali dentro, há bordados de Assur, marfins do Ganges, púrpura de Elisa; e esta caixa com gelo contém dentro de si uma outra com chalibon, um vinho reservado aos reis da Assíria — e que se bebe sem ser traçado com água por um chifre de licorne. Aqui estão colares, colchetes, redes, guarda-sóis, ouro em pó de Baasa, cassiterita de Tartesso, madeira azul de Pandio, peles brancas de Issedonia, rubis da ilha de Palasimonde, e palitos de dentes feitos do pelo de tachas — animal extinto que jaz sob a terra. Estes coxins são de Emath, e estas franjas, de Palmira. Sobre este tapete da Babilónia, estão... Mas, vem ver! Vem ver!

Puxa Santo Antão pela manga. Ele resiste. Ela prossegue:

Este tecido delicado, que crepita sob os dedos com um ruído de faúlhas, é o famoso pano amarelo trazido pelos mercadores da Báctria. Ao longo da viagem que empreendem, precisam de quarenta e três intérpretes. Mandarei fazerem-te túnicas que usarás em casa.

Abri os fechos do estojo de sicómoro, e trazei-me a caixinha que está no garrote do meu elefante!

Algo redondo e coberto com um véu é retirado de uma caixa, e trazem-lhe um pequeno cofre trabalhado a cinzel.

Queres o escudo de Dgian-ben-Dgian, aquele que construiu as Pirâmides? Ei-lo! É feito de sete peles de dragão colocadas umas em cima das outras, unidas por parafusos de diamante, e que foram curtidas em bílis de parricida. Representa, de um lado, todas as guerras que houve desde a invenção das armas e, do outro, todas as guerras que ainda haverá até ao fim do mundo. O relâmpago ressalta nele como uma bola de cortiça. Vou enfiá-lo no teu braço e tu levá-lo-ás contigo para a caça.

Mas se soubesses o que tenho na minha pequena caixa! Examina-a, tenta abri-la! Ninguém o conseguiu; beija-me; eu dir-te-ei como o fazer.

Põe as mãos em volta da face de Santo Antão; ele repele-a de braços esticados.

Foi numa noite em que o rei Salomão ia perdendo a cabeça. Enfim, chegámos a um acordo. Levantou-se e, saindo em bicos de pés...

A rainha faz uma pirueta.

Ah! Ah! Belo eremita! Não o saberás nunca! Não o saberás nunca!

Sacode o seu guarda-sol, todos os pequenos sinos retinem.

E tenho ainda muitas outras coisas! Tenho tesouros guardados em galerias onde nos perdemos como num bosque. Tenho palácios de verão construídos com juncos entrelaçados, e palácios de inverno em mármore preto. No meio de lagos tão grandes como mares, tenho ilhas redondas como moedas de prata, todas cobertas de nácar, e em cujas margens ressoa música ao ritmo das ondas tépidas que rolam sobre a areia. Os escravos das minhas cozinhas trazem pássaros dos meus aviários e apanham peixe nos meus viveiros. Tenho cinzeladores continuamente ocupados a entalhar o meu retrato em pedras duras, ofegantes trabalhadores de fundições que moldam as minhas estátuas, perfumistas que misturam a seiva de plantas com vinagres e amassam pastas. Tenho costureiras que me cortam tecidos, ourives que trabalham nas minhas joias, cabeleireiros que me procuram sempre novos penteados, e pintores muito diligentes, que aplicam nos meus lambris resinas a ferver, que depois arrefecem com leques. Tenho damas de companhia que davam para fazer um harém, eunucos em número suficiente para formar um exército. Tenho exércitos, tenho povos! Tenho no meu vestíbulo uma guarda de anões que trazem a tiracolo trompas de marfim.

Antão suspira.

Tenho carruagens puxadas por gazelas, quadrigas de elefantes, casais de camelos às centenas, e éguas de crinas tão longas que as suas patas tropeçam nelas quando galopam, e rebanhos com chifres tão grandes que, para poderem pastar, é preciso ir à sua frente desbastando arvoredo. Tenho girafas que se passeiam pelos meus jardins e que, quando apanho ar após o jantar, chegam com as suas cabeças ao beiral do telhado.

Sentada numa concha e puxada por delfins, passeio pelas grutas escutando o gotejar da água das estalactites. Vou ao país dos diamantes, onde os mágicos, meus amigos, me deixam escolher os mais belos; subo depois das profundezas da terra e volto para casa.

A rainha emite então um assobio agudo —; e um grande pássaro, descendo do céu, vem pousar no topo da sua cabeleira, fazendo com que caiam partículas do pó azul.

A sua plumagem cor de laranja parece composta de escamas metálicas. A sua pequena cabeça, ornamentada por uma poupa de prata, representa um rosto humano. O pássaro tem quatro asas, patas de abutre e uma enorme cauda de pavão que ostenta em círculo atrás de si.

Agarra com o seu bico o guarda-sol da Rainha, cambaleia um pouco antes de recuperar o seu equilíbrio, depois eriça todas as suas plumas e permanece imóvel.

Obrigada, belo Simorg-anka, tu, que me disseste onde se escondia aquele que amo!

Obrigada! Obrigada! Mensageiro do meu coração!

Ele voa como o desejo. Dá a volta ao mundo num único dia. À noite, regressa; pousa aos pés do meu leito; conta-me o que viu, os mares que por baixo dele passaram com peixes e navios, os grandes desertos vazios que do alto dos céus contemplou e todas as searas que se curvavam nos campos, e as plantas que trepavam pelas muralhas de cidades abandonadas.

Espreguiça-se, languidamente.

Oh, se quisesses, se quisesses!... Tenho um pavilhão sobre um promontório, no meio de um istmo, entre dois oceanos. Todo ele é revestido de vidro, assoalhado com carapaças de tartarugas, e abre-se aos quatro ventos do céu. Lá do alto, vejo as minhas frotas regressarem, e as gentes que sobem a colina com fardos aos ombros. Dormiríamos em colchões de penas mais macios do que nuvens, beberíamos bebidas frescas nas cascas dos frutos, e olharíamos para o sol através de esmeraldas! Vem!...

Antão recua. Ela aproxima-se; e num tom irritado:

Como? Nem rica, nem sedutora, nem apaixonada? Não é nada disso aquilo que te convém, hein? Antes talvez lasciva, gorda, de voz rouca, cabelo cor de fogo e carnes pouco firmes. Preferes tu um corpo frio como a pele das serpentes, ou grandes olhos negros mais sombrios do que as cavernas místicas? Olha para eles, para os meus olhos!

Antão, embora não o querendo, olha-os.

Todas aquelas que encontraste, desde a rapariga da encruzilhada cantando à luz da sua lanterna até à patrícia desfolhando rosas do alto da sua liteira, todas as formas entrevistas, todas as imaginações produzidas pelo teu desejo, pede-mas! Eu não sou uma mulher, eu sou um mundo. Basta que as minhas vestes caiam e descobrirás em mim uma sucessão de mistérios!

Antão range os dentes.

Se pousares o dedo no meu ombro, serei como um rasto de fogo nas tuas veias. A posse do mais pequeno pedaço do meu corpo encher-te-á de uma alegria mais veemente do que a conquista de um império. Aproxima os teus lábios! Os meus beijos têm o gosto de um fruto que se fundiria no teu coração! Ah, como te perderás nos meus cabelos, aspirando o olor do meu peito, assombrado pelos meus membros, consumido pelas minhas pupilas, entre os meus braços, num turbilhão...

Antão faz o sinal da cruz.

Desdenhas-me! Adeus!

Afasta-se chorando, depois volta-se:

Tens a certeza? Uma mulher tão bela!

Ri-se, e o macaco que segura a cauda do seu vestido levanta-o.

Vais arrepender-te, belo eremita! Gemerás muito! Aborrecer-te-ás enormemente! Mas quero lá saber! Ahahah! Ohohoh!

Ela parte, o rosto entre as mãos, saltitando ao pé-coxinho. Os escravos desfilam diante de Santo Antão, os cavalos, os dromedários, o elefante, as damas de companhia, as mulas que foram de novo carregadas, os negrinhos, o macaco, os correios verdes, segurando na mão o seu lírio quebrado —; e a Rainha de Sabá afasta-se, emitindo uma espécie de soluço convulsivo que se assemelha a um lamento ou a uma chacota.

III

Quando ela já tinha desaparecido, Antão apercebe-se de uma criança no limiar da sua cabana.

É um dos servos da Rainha, pensa ele.

A criança é pequena como um anão e, ainda assim, entroncada como um Cabiro, esquiva, de aspeto miserável. Cabelos brancos cobrem a sua cabeça prodigiosamente grande, e tirita sob uma reles túnica, segurando na mão um rolo de papiros.

A luz da lua, que atravessa uma nuvem, incide sobre ele.

ANTÃO

observa-a de longe, e tem-lhe medo.

Quem és tu?

A CRIANÇA responde:

O teu antigo discípulo, Hilarião!

ANTÃO

Mentes! Há muito que Hilarião vive na Palestina.

HILARIÃO

Regressei! Sou mesmo eu!

ANTÃO

aproxima-se, e olha-a atentamente.

No entanto, o seu rosto era brilhante como a aurora, cândido, jovial. O que tenho à minha frente é sombrio e velho.

HILARIÃO

Pesados trabalhos fatigaram-no!

ANTÃO

Também a voz era diferente. Esta tem um timbre que arrepia.

HILARIÃO

É porque me alimento de coisas amargas!

ANTÃO

E esses cabelos brancos?

HILARIÃO

Tive tantos desgostos!

ANTÃO

aparte:

Será isto possível?…

HILARIÃO

Não estava tão longe como supões. O eremita Paulo veio visitar-te este ano, durante o mês do *schebar*. Faz apenas vinte dias que os Nómadas te trouxeram pão. Pediste, anteontem, a um marinheiro que te fizesse chegar três punções.

ANTÃO

Ele sabe tudo!

HILARIÃO

Sabe que jamais te deixei. Mas passas longos períodos sem te aperceberes de mim.

ANTÃO

O que queres dizer com isso? É verdade que ando com a cabeça tão perturbada! Esta noite, particularmente…

HILARIÃO

Todos os Pecados Capitais vieram ao teu encontro. Mas as suas lastimáveis emboscadas nada podem contra um Santo como tu!

ANTÃO

Oh, não!... Não! Vacilo a cada minuto! Que eu não sou um daqueles cuja alma é sempre intrépida e o espírito firme — como o grande Atanásio, por exemplo.

HILARIÃO

Ele foi ordenado ilegalmente por sete bispos!

ANTÃO

Que importa isso! Se a sua virtude...

HILARIÃO

Ora, ora! Um homem orgulhoso, cruel, sempre metido em intrigas, e por fim exilado por ser um açambarcador.

ANTÃO

Calúnia!

HILARIÃO

Não negarás que ele quis corromper Eustáquio, o tesoureiro dos donativos?

ANTÃO

Dizem que assim foi; admito que sim.

HILARIÃO

Ele incendiou, por vingança, a casa de Arsénio!

ANTÃO

Lamentavelmente!

HILARIÃO

No Conselho de Niceia, disse, referindo-se a Jesus: «O homem do Senhor.»

ANTÃO

Ah, isso é uma blasfémia!

HILARIÃO

De resto, é tão limitado que confessa nada compreender da natureza do Verbo.

ANTÃO

sorrindo com prazer:

De facto, a sua inteligência não é muito... elevada.

HILARIÃO

Se te tivessem dado o lugar que lhe pertenceu, teria sido uma grande felicidade para os teus irmãos, e para ti também. A vida que levas, afastada dos outros, é má.

ANTÃO

Pelo contrário! O homem, sendo espírito, deve afastar-se das coisas mortais. Toda a ação o degrada. Gostaria de não estar preso à terra — nem pela planta dos pés!

HILARIÃO

Hipócrita é aquele que se afunda na solidão para melhor se entregar aos excessos da sua avidez! Privas-te de carnes, de vinhos, de banhos, de escravos e de honrarias; mas como deixas que a imaginação te ofereça banquetes, perfumes, mulheres nuas e multidões aduladoras! A tua castidade não é senão uma corrupção mais subtil, e esse desprezo pelo mundo revela a impotência do teu ódio contra ele! É isso que torna os teus iguais tão lúgubres, ou talvez o facto de duvidarem. A posse da verdade traz alegria. Era Jesus triste? Andava rodeado de amigos, descansava à sombra das oliveiras, entrava na casa do publicano, multiplicava as taças, perdoava a pecadora, curava todas as dores. Tu não tens piedade senão pela tua miséria. É como se o remorso e a feroz demência que te agitam te levassem a repelir até as carícias de um cão ou o sorriso de uma criança.

ANTÃO

explode em lágrimas.

Basta! Basta! Perturbas demasiado o meu coração!

HILARIÃO

Sacode a vérmina dos teus farrapos! Levanta-te da tua imundície! O teu Deus não é um Moloch que exige carne em sacrifício!

ANTÃO

E, contudo, o sofrimento é bendito. Os querubins curvam-se para receber o sangue dos confessores.

HILARIÃO

Admira então os Montanistas! Eles superam todos os outros.

ANTÃO

Mas é a verdade da doutrina que faz o martírio!

HILARIÃO

Como pode ele provar a excelência, se também ele testemunha através do erro?

ANTÃO

Cala-te, víbora!

HILARIÃO

Talvez não seja isso assim tão difícil. As exortações dos amigos, o prazer de afrontar o povo, o juramento que se fez, uma certa vertigem, mil circunstâncias ajudam os mártires.

Antão afasta-se de Hilarião. Hilarião segue-o.

Além disso, essa forma de morrer provoca grandes desordens. Dinis, Cipriano e Gregório procuraram evitá-la. Pedro de Alexandria desaprovou-a, e o Concílio de Elvira...

ANTÃO

tapa os seus ouvidos.

Não te ouço mais!

HILARIÃO

levantando a voz:

Eis que incorres de novo no teu pecado habitual, a preguiça. A ignorância é a escuma do orgulho. Basta dizer: «Essa é a minha convicção, porquê discutir?», e despreza-se os doutores, os filósofos, a tradição, e até mesmo o texto da Lei, que se desconhece. Acreditas tu ter a sabedoria na mão?

ANTÃO

Ainda o consigo ouvir! As suas ruidosas palavras enchem a minha cabeça.

HILARIÃO

Os esforços para compreender Deus são superiores às mortificações que fazes para o aplacar. Não temos mérito senão na nossa sede de Verdade. A religião por si só não explica tudo; e a solução dos problemas que desconheces pode torná-la mais inatacável e mais elevada. Assim sendo, é necessário, para que nos salvemos, comunicar com os nossos irmãos — de outra forma a Igreja, a assembleia dos fiéis, não seria senão uma palavra — e ouvir todas as razões, não desprezar nada, nem ninguém. O feiticeiro Balaão, o poeta Ésquilo e a Sibila de Cumas tinham anunciado o Salvador. Dinis, o alexandrino, recebeu do Céu a ordem de ler todos os livros. São Clemente ordena-nos que cultivemos as letras gregas. Hermas converteu-se devido à ilusão do sentimento por uma mulher que amara.

ANTÃO

Que ar de autoridade! Parece-me que cresces...

De facto, a estatura de Hilarião aumenta gradualmente; e Antão, para não mais o ver, fecha os olhos.

HILARIÃO

Tranquiliza-te, bom eremita!

Sentemo-nos ali, sobre aquela grande pedra — como outrora fazíamos, quando ao primeiro clarão do dia eu te saudava, chamando-te «clara estrela da manhã»; e tu começavas logo de seguida a administrar-me os meus ensinamentos. Eles ainda não terminaram. A lua dá-nos luz suficiente. Escuto-te.

Tirou um cálamo do cinto; e, por terra, pernas cruzadas, com o seu rolo de papiro na mão, levanta a cabeça em direção a Santo Antão que, sentado a seu lado, permanece com a fronte inclinada.

Após um momento de silêncio, Hilarião retoma:

A palavra de Deus é-nos confirmada pelos milagres, não é? Todavia, os feiticeiros do Faraó também os faziam; outros impostores podem fazê-los; mas isso é um logro. O que é então um milagre? Um acontecimento que nos parece estar fora da natureza. Mas conhecemos nós toda a extensão do seu poder? E por uma coisa não nos surpreender habitualmente, decorre daí que a compreendamos?

ANTÃO

Pouco importa! É preciso acreditarmos nas Escrituras!

HILARIÃO

São Paulo, Orígenes e muitos outros não as compreendiam literalmente; mas se elas forem explicadas através de alegorias, tornam-se então partilha de um pequeno número, e a evidência da verdade desaparece. Que fazer?

ANTÃO

Deixar isso à Igreja!

HILARIÃO

As Escrituras são, portanto, inúteis?

ANTÃO

De todo! Ainda que o Antigo Testamento, reconheço, tenha... obscuridades... Mas o Novo resplende de uma luz puríssima.

HILARIÃO

No entanto, o anjo anunciador, em Mateus, aparece a José, enquanto em Lucas o faz a Maria. A unção de Jesus por uma mulher ocorre, de acordo com o primeiro Evangelho, no início da sua vida pública, e, segundo os outros três, alguns dias antes da sua morte. A beberagem que lhe oferecem na cruz é, em Mateus, vinagre com fel, em Marcos, vinho e mirra. De acordo com Lucas e Mateus, os apóstolos não deviam andar nem com dinheiro nem com sacola, sequer com sandálias e bordão, em Marcos, pelo contrário, Jesus proíbe-os de levarem consigo seja o que for, a não ser sandálias e um bordão. Estou confuso!...

ANTÃO

com estupefação:

De facto... de facto...

HILARIÃO

Ao toque da hemorroíssa, Jesus vira-se e diz: «Quem me tocou?» Ele não sabia então quem o tocara? Isso contradiz a omnisciência de Jesus. Se o túmulo estava vigiado por guardas, as mulheres não tinham porque se preocupar com uma ajuda para levantar a pedra desse túmulo. Assim sendo, ou não havia guardas, ou as santas mulheres não estavam presentes. Em Emaús, Jesus come com os seus discípulos e fá-los sentir as suas chagas. É um corpo humano, um objeto material, palpável, e que, no entanto, atravessa muralhas. É isto possível?

ANTÃO

Levaria muito tempo a responder-te!

HILARIÃO

Porque recebeu ele o Espírito Santo, sendo o Filho? Que necessidade tinha ele do batismo, se era o Verbo? Como poderia o Diabo tentá-lo, a ele, Deus?

Será que tais pensamentos nunca te ocorreram?

ANTÃO

Sim!... Frequentemente! Entorpecidos ou impetuosos, eles permanecem na minha consciência. Esmago-os e eles renascem, sufocam-me; e creio, por vezes, que estou amaldiçoado.

HILARIÃO

Então, não tens mais nada para fazer senão servir a Deus?

ANTÃO

Sinto sempre necessidade de o adorar!

Após um longo silêncio,

HILARIÃO

retoma:

Mas fora do dogma é-nos permitida toda a liberdade para procurarmos. Desejas tu conhecer a hierarquia dos Anjos, a virtude dos Números, a causa dos germes e das metamorfoses?

ANTÃO

Sim! Sim! O meu pensamento debate-se para sair da sua prisão. Acredito que, se reunisse todas as minhas forças, poderia ser bem-sucedido. Por vezes, nem que seja durante o breve instante de um clarão, sinto-me como que suspenso; depois volto a cair!

HILARIÃO

O segredo ao qual gostarias de aceder é guardado por sábios. Vivem num país distante, sentados debaixo de árvores gigantescas, vestidos de branco e calmos como deuses. Um ar tépido alimenta-os. À sua volta, leopardos caminham pela erva. O murmúrio das fontes e os relinchos dos licornes misturam-se às suas vozes. Escutá-los-ás; e a face do Desconhecido desvelar-se-á!

ANTÃO

suspirando:

O caminho é longo, e eu estou velho!

HILARIÃO

Oh! Oh! Os homens sábios não são raros! Encontram-se mesmo perto de ti; aqui! — Entremos!

IV

E Antão vê diante de si uma imensa basílica.

A luz projeta-se a partir do fundo, maravilhosa como um sol. Ilumina as inumeráveis cabeças da multidão que enche a nave e reflui entre as colunas em direção à base das laterais inferiores — onde se distinguem em nichos de madeira, altares, leitos, pequenas correntes de pedraria azul e constelações pintadas nas paredes.

No meio da multidão, há grupos estacionados aqui e ali. Alguns homens, de pé, em escabelos, arengam de dedo em riste; outros rezam com os braços em cruz, deitados no chão, cantando hinos ou bebendo vinho; em redor de uma mesa, fiéis tomam os ágapes; mártires desenfaixam os seus membros para mostrarem as feridas; homens idosos, apoiados em bordões, contam as suas viagens.

Vêm do país dos Germanos, da Trácia e das Gálias, da Cítia e das Índias — com neve na barba, plumas na cabeleira, espinhos nas franjas das suas roupas, as sandálias pretas do pó, a pele queimada pelo sol. Os trajes confundem-se todos, os mantos de púrpura e as vestes de linho, dalmáticas bordadas, gorros de pele, saios de pele, gorros de marinheiros, mitras de bispos. Os seus olhos fulguram extraordinariamente. Têm ar de torcionários ou de eunucos.

Hilarião avança no meio deles. Todos o saúdam. Antão, segue ao seu lado, observa-os. Repara em várias mulheres. Muitas delas estão vestidas como homens, com o cabelo rapado; ele tem medo.

HILARIÃO

São cristãs que converteram os seus maridos. De resto, as mulheres estão sempre do lado de Jesus, mesmo as idólatras, vê o caso de Prócula, mulher de Pilatos, e de Popeia, a concubina de Nero. Não temas mais! Avança!

E outros chegam, num fluxo contínuo.

Multiplicam-se, desdobram-se, leves como sombras, produzindo em conjunto um grande clamor no qual se misturam uivos de fúria, gritos de amor, cânticos e objurgações.

ANTÃO

em voz baixa:

Que é que eles querem?

HILARIÃO

O Senhor disse: «Teria ainda muitas coisas a dizer-vos.» Eles sabem que coisas são essas.

E encaminha-o para um trono de ouro, com cinco degraus, onde, rodeado por noventa e cinco discípulos, todos ungidos de óleo, magros e muito pálidos, se senta o profeta Maniqueu — belo como um arcanjo, imóvel como uma estátua, vestindo uma túnica indiana, rubis nos seus cabelos entrançados, na sua mão esquerda, um livro de imagens pintadas e, sob a direita, um globo. As imagens representam as criaturas que jazem latentes no caos. Antão inclina-se para vê-las. Em seguida,

MANIQUEU

faz girar o globo; e, regendo as suas palavras pelo tanger de uma lira da qual saem sons cristalinos:

A terra celeste está na extremidade superior, a terra mortal na extremidade inferior. Ela é sustentada por dois anjos, o Splenditenens e o Omóforo de seis caras.

No cume do céu mais alto, encontra-se a Divindade impassível; em baixo, frente a frente, estão o Filho de Deus e o príncipe das trevas.

Tendo as trevas avançado até ao seu reino, Deus extraiu da sua essência uma virtude que produziu o primeiro homem; e envolveu-o com os cinco elementos. Mas os demónios das trevas roubaram uma parte dela, e essa parte é a alma.

Não há senão uma única alma — universalmente espalhada, como a água de um rio dividida em vários braços. É ela que suspira no vento, que chia no mármore que é serrado, que uiva através da voz do mar; e é ela que chora lágrimas de leite quando se arrancam as folhas da figueira.

As almas saídas deste mundo emigram para os astros, que são seres animados.

ANTÃO

desata a rir.

Ah! Ah! Que imaginação absurda!

UM HOMEM

sem barba e de aparência austera:

Absurda em quê?

Antão está prestes a responder-lhe. Mas Hilarião, baixinho, diz-lhe que aquele homem é o grande Orígenes; e

MANIQUEU

retoma:

Primeiro elas param na Lua, onde se purificam. Em seguida, sobem para o Sol.

ANTÃO

lentamente:

Não sei de nada... que nos impeça... de acreditar nele.

MANIQUEU

O objetivo de toda a criatura é a libertação do raio celeste encerrado na matéria. Esse raio desprende-se mais facilmente através dos perfumes, das especiarias, do aroma do vinho fervido, das coisas leves que se assemelham a pensamentos. Mas as ações da vida retêm-no na matéria. O assassino renascerá no corpo de um ser celestial, aquele que mata um animal tornar-se-á esse animal; se plantardes uma videira, ficareis ligado aos seus ramos. O alimento tudo absorve. Privai-vos, portanto, de comer! Jejuai!

HILARIÃO

São temperantes, como vês!

MANIQUEU

Há muitos deles nas carnes, menos nas ervas. De resto, os Puros, graças aos seus méritos, despojam os vegetais dessa sua parte luminosa que regressa à sua origem. Os animais, de geração em geração, aprisioná-los-ão na carne. Fuji, pois, das mulheres!

HILARIÃO

Admira a continência deles!

MANIQUEU

Ou melhor, procedei de tal forma que elas não sejam fecundas. — Mais vale a alma cair por terra do que enlanguescer em grilhões carnais!

ANTÃO

Ah, a abominação!

HILARIÃO

Que importa a hierarquia das torpezas? A Igreja agiu corretamente ao fazer do casamento um sacramento!

SATURNINO

em trajes da Síria:

Ele propaga uma ordem de coisas funestas! O Pai, para punir os anjos revoltados, ordenou-lhes que criassem o mundo. O Cristo veio, a fim de que o Deus dos judeus, que era um desses anjos…

ANTÃO

Um anjo? Ele! O Criador!

CERDON

Não quis ele matar Moisés, enganar os seus profetas, seduzir os povos, espalhar a mentira e a idolatria?

MARCIÃO

Certamente, o Criador não é o verdadeiro Deus!

SÃO CLEMENTE DE ALEXANDRIA

A matéria é eterna!

BARDESANES, mágico da Babilónia:

Foi formada pelos Sete Espíritos Planetários.

OS HERNIANOS

Os anjos fizeram as almas!

OS PRISCILIANIANOS

Foi o Diabo quem fez o mundo!

ANTÃO

cambaleando para trás:

Horror!

HILARIÃO

amparando-o:

Desesperas muito facilmente! Compreendes mal as suas doutrinas! Eis aqui um que recebeu a sua de Teodas, o amigo de São Paulo. Escuta-o!

E, a um sinal de Hilarião,

VALENTIM

envergando uma lhama de prata, de voz sibilante e o crânio pontiagudo:

O mundo é a obra de um Deus em delírio.

ANTÃO

baixa a cabeça.

A obra de um Deus em delírio!...

Após um longo silêncio:

Como assim?

VALENTIM

O mais perfeito dos seres, dos Éones, o Abismo, repousava no seio da Profundeza, juntamente com o Pensamento. Da sua união, saiu a Inteligência, que teve por companheira a Verdade.

A Inteligência e a Verdade engendraram o Verbo e a Vida, que, por sua vez, engendraram o Homem e a Igreja; e isso perfez oito Éones!

Conta pelos dedos.

O Verbo e a Verdade produziram mais dez Éones, ou seja, cinco pares. O Homem e a Igreja haviam produzido outros doze, entre os quais o Paráclito e a Fé, a Esperança e a Caridade, a Perfeição e a Sabedoria, Sofia.

O conjunto desses trinta Éones constitui o Pleroma, ou Universalidade de Deus. Assim, como os ecos de uma voz que se distancia, como os eflúvios de um perfume que se evapora, como o fogo de um sol que se deita, as Potências emanadas do Princípio vão gradualmente enfraquecendo.

Mas Sofia, desejosa de conhecer o Pai, lança-se para fora do Pleroma —; e o Verbo arranja então outro par; o Cristo e o Espírito Santo, que haviam religado todos os Éones; e todos juntos formaram Jesus, a flor do Pleroma.

No entanto, o esforço de Sofia para fugir deixara no vazio uma imagem sua, uma substância maligna, Achamōth. O Salvador apiedou-se dela, libertou-a das suas paixões —;

e do sorriso de Achamōth libertada nasceu a luz; as suas lágrimas formaram as águas, a sua tristeza gerou a matéria negra.

De Achamōth saiu o Demiurgo, criador de mundos, dos céus e do Diabo. Ele habita muito abaixo do Pleroma, sem sequer saber da sua existência, de tal forma que se crê o verdadeiro Deus, e repete pela boca dos seus profetas: «Não há outro Deus senão eu!» Fez depois o homem, e lançou-lhe na alma a semente imaterial, que era a Igreja, reflexo da outra Igreja localizada no Pleroma.

Achamōth, um dia, alcançando a região mais alta, juntar-se-á ao Salvador; o fogo oculto no mundo aniquilará toda a matéria, esta devorar-se-á a si mesma, e os homens, tornados puros espíritos, desposarão anjos!

ORÍGENES

O Diabo será então derrotado, e o reino de Deus começará!

Antão sustém um grito; e logo de seguida,

BASÍLIDES

segurando-o pelo cotovelo:

O Ser supremo, com infinitas emanações, chama-se Abraxas, e o Salvador com todas as suas virtudes, Kaulakau, ou, dito de outra forma, linha-sobre-linha, retidão-sobre-retidão.

A força de Kaulakau obtém-se socorrendo-nos de certas palavras, inscritas nesta calcedónia para facilitar a memória.

E mostra uma pequena pedra que traz à volta do pescoço onde se encontram gravadas estranhas linhas.

Serás então transportado no Invisível; e, superior à lei, desprezarás tudo, até mesmo a virtude!

Nós, os Puros, devemos fugir da dor, segundo o exemplo de Kaulakau.

ANTÃO

Como? E a cruz?

OS ELCASAITAS

em túnicas de jacinto, respondem-lhe:

A tristeza, a baixeza, a condenação e a opressão de meus pais desvaneceram-se, graças à missão que veio!

Pode negar-se o Cristo inferior, o homem-Jesus; mas devemos adorar o outro Cristo, que brotou de si mesmo, sob a asa da Pomba.

Honrai o casamento! O Espírito Santo é feminino!

Hilarião desapareceu; e Antão, empurrado pela multidão, chega diante d'

OS CARPOCRACIANOS

deitados com mulheres em coxins de escarlate:

Antes de entrares no Único, passarás por uma série de condições e de ações. Para te libertares das trevas, termina, desde já, as suas obras! O esposo dirá à esposa: «Sê caridosa com o teu irmão», e ela beijar-te-á.

OS NICOLAITAS

reunidos em torno de uma iguaria que fumega:

É carne oferecida aos ídolos; toma! A apostasia é permitida quando o coração é puro. Empanturra a tua carne com aquilo que ela te pede. Procura exterminá-la à força de deboches! Prouneikos, a mãe do céu, comprazeu-se em ignomínias.

OS MARCOSIANOS

com anéis de ouro, e pingando bálsamo:

Junta-te a nós para te unires ao Espírito! Junta-te a nós para beberes a imortalidade!

E um deles mostra-lhe, por trás de uma tapeçaria, o corpo de um homem encimado pela cabeça de um burro. Este representa Sabaoth, pai do Diabo. Em sinal de aversão, escarra-lhe em cima.

Um outro desvenda uma cama muito baixa, juncada de flores, e diz que

as bodas nupciais vão realizar-se.

Um terceiro segura um copo de vidro, faz uma invocação; sangue aparece lá dentro:

Ah! Ei-lo! Ei-lo! O sangue de Cristo!

Antão afasta-se. Mas é salpicado com água que salta de uma tina.

OS HELVIDIANOS

atiram-se de cabeça para dentro da tina, resmoneando:

O homem regenerado pelo batismo é incapaz de pecar!

Depois, Antão passa ao pé de uma grande fogueira, onde os adamitas se aquecem, completamente nus, a fim de imitarem a pureza do paraíso; e tropeça nos

MESSALIANOS

espojados sobre as lajes, meio adormecidos, estupefactos:

Oh! Pisa-nos se quiseres, não nos mexeremos! O trabalho é um pecado, toda a ocupação é maligna!

Por trás destes, os abjetos

PATERNIANOS

homens, mulheres e crianças, a esmo sobre uma pilha de imundície, levantam os seus rostos hediondos, manchadas de vinho:

As partes inferiores do corpo feitas pelo Diabo pertencem--lhe. Bebamos, comamos, forniquemos!

AÉCIO

Os crimes são necessidades abaixo do olhar de Deus!

Mas, de repente,

UM HOMEM

vestido com um manto cartaginês salta para o meio deles, com um feixe de tiras de couro na mão; e, açoitando ao acaso à direita e à esquerda, diz violentamente:

Ah, impostores, bandidos, simoníacos, heréticos e demónios! A vérmina das escolas, a escória do inferno! Aquele, Marcião, é um marinheiro de Sinope, excomungado por incesto; Carpócrates foi banido como mágico; Aécio roubou a sua concubina, Nicolau prostituiu a sua mulher; e Maniqueu, que se autodenomina Buda e que se chama Cubricus, foi esfolado vivo com a ponta de uma cana, de tal forma que a sua pele curtida balança nas portas de Ctesifonte!

ANTÃO

reconhecendo nesse homem Tertuliano, apressa-se a juntar-se a ele:

Mestre! A mim! A mim!

TERTULIANO

prosseguindo:

Parti as imagens! Cobri as virgens! Rezai, jejuai, chorai, mortificai-vos! Nada de filosofia! Nada de livros! Depois de Jesus, a ciência é inútil!

Debandaram todos; e Antão vê, no lugar de Tertuliano, uma mulher sentada sobre um banco de pedra.

A mulher soluça, a cabeça apoiada de encontro a uma coluna, cabelos pendentes, o corpo abatido coberto por uma longa samarra castanha.

Depois, encontram-se lado a lado, longe da multidão —; e um silêncio, um extraordinário apaziguamento, faz-se sentir, como nos bosques, quando o vento para e as folhas, de repente, deixam de se agitar.

É uma mulher muito bonita, mas murcha e de uma palidez sepulcral. Entreolham-se; e os seus olhos remetem um ao outro como que uma torrente de pensamentos, mil coisas antigas, confusas e profundas. Por fim,

PRISCILA

começa a contar:

Estava no último compartimento dos banhos e adormeci ao som do burburinho das ruas.

Subitamente, ouvi clamores. Gritava-se: «É um mágico! É o Diabo!» E a multidão deteve-se diante de nossa casa, em frente ao templo de Esculápio. Ergui-me com os punhos até à altura do respiradouro.

Sobre o peristilo do templo, havia um homem que trazia uma grilheta de ferro à volta do pescoço. Apanhava carvões em brasa de um fogão e abria sobre o peito grandes sulcos, clamando «Jesus, Jesus!» O povo dizia: «Isso não é permitido! Lapidemo-lo!» Ele, ele continuava. Foi uma cena espantosa, arrebatadora. Flores tão grandes como o sol giravam diante dos meus olhos, e ouvia nos espaços uma harpa de ouro vibrar. O dia caiu. Os meus braços largaram as barras, o meu corpo desfaleceu, e, quando me levou para sua casa…

ANTÃO

De quem estás a falar?

PRISCILA

Mas... de Montano!

ANTÃO

Montano já morreu.

PRISCILA

Isso não é verdade!

UMA VOZ

Não, Montano não está morto!

Antão vira-se; e, perto de si, do outro lado, no banco, uma segunda mulher está sentada —; loira, esta, e ainda mais pálida, com as pálpebras inchadas como se tivesse estado a chorar durante muito tempo. Sem que ele a questione, diz:

MAXIMILA

Estávamos a regressar de Tarso, pelas montanhas, quando num meandro do caminho vimos um homem debaixo de uma figueira.

Ele gritou desde longe: «Parai!» e precipitou-se para nós, injuriando-nos. Os escravos acorreram. Ele desatou a rir. Os cavalos empinaram-se. Os molossos uivavam todos.

O homem estava de pé. O suor escorria pelo seu rosto. O vento fazia estalar a sua capa. Chamando-nos pelos nossos nomes, censurou a vaidade das nossas ações, a infâmia dos nossos corpos —; e com o punho apontava para os dromedários, por causa dos pequenos sinos de prata que os animais traziam sob a queixada.

A sua fúria aterrorizava-me até às entranhas; e ela era, no entanto, como que uma volúpia que me embalava, que me inebriava.

Primeiro, os escravos aproximaram-se. «Mestre», disseram eles, «os nossos animais estão cansados»; depois foram as mulheres: «Temos medo», e os escravos foram-se embora. Em seguida, as crianças puseram-se a chorar: «Temos fome!» E como nada havia sido respondido às mulheres, elas desapareceram.

Ele, ele falava. Senti alguém perto de mim. Era o meu esposo; eu estava com atenção ao outro. O meu esposo arrastava-se por entre as pedras, gritando: «Abandonas-me?», ao que eu respondi: «Sim! Vai-te!» — a fim de seguir Montano.

ANTÃO

Um eunuco!

PRISCILA

Ah, isso surpreende-te, coração empedernido! No entanto, Madalena, Joana, Marta e Susana não entravam no leito do

Salvador. As almas, melhor do que os corpos, podem unir-se em delírio. Para conservar Eustólia sem punição, Leôncio, o bispo, mutilou-se — amando mais o seu amor do que a sua virilidade. E depois, a culpa não é minha; um espírito a isso me constrange; Sotas não conseguiu curar-me. Mas ele é cruel! Que importa! Eu sou a última das profetisas; e, depois de mim, o fim do mundo virá.

MAXIMILA

Ele cumulou-me com os seus dons. Nenhuma, de resto, o ama tanto — nem nenhuma é mais amada!

PRISCILA

Mentes! Sou eu!

MAXIMILA

Não, sou eu!

Lutam as duas.
Entre os seus ombros aparece a cabeça de um negro.

MONTANO

coberto com uma capa negra, fechada por dois ossos de um morto:

Sossegai, minhas pombas! Incapazes de felicidade terrena, estamos, por esta união, na plenitude espiritual. Depois da era do Pai, a era do Filho; e eu inauguro a terceira, a do Paráclito. A sua luz veio até mim durante as quarenta noites em que a Jerusalém celeste brilhou no firmamento, por cima da minha casa, em Pepusa.

Ah, como gritais de angústia quando o azorrague vos flagela! Como os vossos membros doridos se entregam aos meus ardores! Como elanguesceis sobre o meu peito, de um irrealizável amor! Ele é tão forte que vos revelou mundos, e podeis agora aperceber-vos das almas com os vossos olhos.

Antão faz um gesto de assombro.

TERTULIANO

voltando para perto de Montano:

Sem dúvida, visto que a alma tem um corpo — aquilo que não tem corpo não existe.

MONTANO

Para a tornar mais subtil, instituí numerosas mortificações, três quaresmas por ano, e, para cada noite, orações em silêncio — com receio de que o alento, ao evadir-se, embacie o pensamento. Devemos abster-nos das segundas núpcias, ou melhor, de todo o casamento! Os anjos pecaram com as mulheres.

OS ARCÔNTICOS

com cilícios de crinas:

O Salvador disse: «Eu vim para destruir a obra da Mulher.»

OS TACIANIANOS

com cilícios de juncos:

A árvore do mal é ela! As vestes de pele são o nosso corpo.

E, avançando sempre do mesmo lado, Antão encontra

OS VALESIANOS

estendidos no chão, com manchas vermelhas no baixo-ventre, sob as suas túnicas.

Mostram-lhe uma faca:

Faz como Orígenes e como nós! É a dor aquilo que temes, cobarde? É o amor pela tua carne que te retém, hipócrita?

E enquanto os observa a lutarem, deitados de costas em poças do seu próprio sangue,

OS CAINITAS

com os cabelos atados com uma víbora, passam junto dele, vociferando ao seu ouvido:

Glória a Caim! Glória a Sodoma! Glória a Judas!

Caim fez a raça dos fortes. Sodoma apavorou a terra com a sua punição; e foi através de Judas que Deus salvou o mundo! — Sim, Judas! Sem ele não haveria nem morte nem redenção!

Desaparecem sob a horda dos

CIRCUNCELIÕES

vestidos com peles de lobo, coroados de espinhos, e usando máscaras de ferro:

Esmagai o fruto! Turvai a fonte! Afogai a criança! Pilhai o rico que se julga feliz, que come muito! Sovai o pobre que inveja o xairel do burro, a refeição do cão, o ninho do pássaro, e que se contrista porque os outros não são miseráveis como ele.

Nós, os Santos, para precipitar o fim do mundo, envenenamos, queimamos, massacramos!

A salvação reside apenas no martírio. Impomos a nós próprios o martírio. Arrancamos com tenazes a pele das nossas cabeças, lançamos os nossos membros para baixo das charruas, atiramo-nos para a boca dos fornos!

Maldito seja o batismo! Maldita seja a Eucaristia! Maldito seja o casamento! Danação universal!

Então, em toda a basílica, o furor redobra.

Os Audianos disparam flechas contra o Diabo; os Coliridianos atiram ao teto véus azuis; as Ascitas prostram-se diante de um odre; os marcionitas batizam um morto com óleo. Junto a Apeles, uma mulher, para melhor explicar a sua ideia, mostra um pão redondo numa garrafa; outra, no meio das Sampseanos, distribui, como se de hóstias se tratasse, o pó das suas sandálias. Sobre o leito dos Marcosianos, juncado de rosas, dois amantes beijam-se. Os Circunceliões degolam-se uns aos outros, os Valesianos estertoram, Bardesanes canta, Carpocras dança, Maximila e Priscila soltam sonoros gemidos —; e a falsa profetisa da Capadócia, completamente nua, apoiada com os cotovelos sobre um leão e agitando três archotes, urra a Invocação-Terrível.

As colunas balançam como troncos de árvores, os amuletos no pescoço dos Heresiarcas entrecruzam linhas de fogo, as constelações nas capelas agitam-se, e as paredes recuam sob o vaivém da multidão, na qual cada cabeça é uma onda que se levanta e ruge.

Entretanto —, das profundezas do próprio clamor, sobe uma canção e gargalhadas, em que o nome de Jesus se repete.

É gente da plebe, todos eles batendo palmas para marcar a cadência. No meio deles está

ÁRIO

em trajes de diácono.

Os tolos que invetivam contra mim pretendem explicar o absurdo; e, para os arruinar de vez, compus pequenos poemas tão jocosos que são recitados de cor em moinhos, tabernas e portos.

Mil vezes não! O Filho não é coeterno do Pai, nem da mesma substância! Caso contrário, ele não teria dito: «Pai, afasta de mim este cálice! — Porque me chamais vós bom? Só Deus é bom! — Vou para o meu Deus, para o vosso Deus!», e outras palavras como estas que atestam a sua qualidade de criatura. Essa qualidade é-nos demonstrada, de resto, por todos os seus nomes: cordeiro, pastor, fonte, sabedoria, filho do homem, profeta, bom caminho, pedra angular!

SABÉLIO

Sustento que ambos são idênticos.

ÁRIO

O Concílio de Antioquia decidiu o contrário.

ANTÃO

O que é, então, o Verbo?... O que era Jesus?

OS VALENTINIANOS

Era o esposo de Achamōth arrependida!

OS SETHIANIANOS

Era Sem, filho de Noé!

OS TEODOSIANOS

Era Malquisedeque!

OS MERINTIANOS

Não era mais do que um homem!

OS APOLINARISTAS

Ele assumiu essa aparência! Ele simulou a Paixão.

MARCELO DE ANCIRA

É um desenvolvimento do Pai!

O PAPA CALIXTO

Pai e Filho são dois modos de um só Deus!

METÓDIO

Esteve primeiro em Adão, depois no homem!

CERINTO

E ressuscitará!

VALENTIM

Impossível — sendo o seu corpo celeste!

PAULO DE SAMÓSATA

Ele só é Deus depois do seu batismo!

HERMÓGENES

Ele habita o sol!

E todos os heresiarcas fazem um círculo à volta de Antão, que chora, a cabeça entre as mãos.

UM JUDEU

de barba ruiva, e pele maculada de lepra, avança para junto dele —; e zombando horrivelmente:

A sua alma era a alma de Esaú! Padecia do mal de Belerofonte; e a sua mãe, a perfumista, entregou-se a Pantero, um soldado romano, sobre uns molhos de milho, certa tarde, na seara.

ANTÃO

energicamente, ergue a cabeça, encara-os a todos sem proferir palavra; depois, caminhando decidido em direção a eles:

Doutores, mágicos, bispos e diáconos, homens, para trás! Para trás! Sois todos mentiras!

OS HERESIARCAS

Temos mártires mais mártires do que os teus, orações mais difíceis, arrebatamentos de amor superiores, êxtases tão longos.

ANTÃO

Mas nenhuma revelação! Nenhuma prova!

Começam então todos a brandir no ar rolos de papiro, tabuinhas de madeira, pedaços de couro, tiras de pano —; e empurrando-se uns aos outros:

OS CERINTIANOS

Eis o Evangelho dos hebreus!

OS MARCIONITAS

O Evangelho do Senhor!

OS MARCOSIANOS

O Evangelho de Eva!

OS ENCRATITAS

O Evangelho de Tomé!

OS CAINITAS

O Evangelho de Judas!

BASÍLIDES

O tratado do advento da alma!

MANIQUEU

A profecia de Barcouf!

Antão debate-se, escapa deles —; e discerne, num canto muito sombrio,

OS VELHOS EBIONITAS

secos como múmias, o olhar apagado, sobrancelhas brancas.

Dizem, com uma voz trémula:

Nós conhecemo-lo, nós, ao filho do carpinteiro! Tínhamos a sua idade, vivíamos na mesma rua. Ele entretinha-se com lama, moldando pequenos pássaros, não tinha medo das serras afiadas, ajudando o seu pai no trabalho, ou enrolando para a sua mãe novelos de lã tingida. Depois fez uma viagem ao Egito, de onde trouxe grandes segredos. Estávamos em Jericó quando ele foi procurar o comedor de gafanhotos. Conversaram em voz baixa, sem que ninguém os pudesse ouvir. Mas foi a partir desse momento que ele começou a fazer furor na Galileia e que muitas fábulas passaram a ser contadas a seu respeito.

Repetem-no, tremendo:

Nós conhecemo-lo, nós! Nós conhecemo-lo!

ANTÃO

Ah, contai mais! Dizei! Dizei! Como era o seu rosto?

TERTULIANO

De aspeto feroz e repulsivo —; porquanto carregava em si todos os crimes, todas as dores e todas as deformidades do mundo.

ANTÃO

Oh! Não! Não! Imagino, pelo contrário, que todo ele seria de uma beleza sobre-humana.

EUSÉBIO DE CESAREIA

Há em Paneades, de encontro a um velho casebre, num emaranhado de ervas, uma estátua de pedra mandada erguer, segundo dizem, pela hemorroíssa. Mas o tempo corroeu-lhe o rosto, e as chuvas apagaram a inscrição.

Uma mulher sai do grupo dos Carpocracianos.

MARCELINA

Outrora fui diaconisa em Roma, numa pequena igreja, onde mostrava aos fiéis as imagens de prata de São Paulo, de Homero, de Pitágoras e de Jesus Cristo.

Guardei apenas a de Jesus.

Entreabre o seu manto.

Quere-la?

UMA VOZ

Ele reaparece, em pessoa, quando o chamamos! É hora! Vem!

E Antão sente cair sobre o seu braço uma mão brutal que o arrasta.

Sobe uma escadaria completamente às escuras —; e depois de muitos degraus, chega diante de uma porta.

Então, aquele que o conduz (será Hilarião? Não sabe) diz ao ouvido de outro: «O Senhor vai chegar» —, e são introduzidos numa câmara com o teto baixo, sem mobília.

A primeira coisa que o impressiona é uma grande crisálida cor de sangue que se encontra à sua frente, com uma cabeça de homem da qual saem raios, e a palavra Quenúbis, *escrita em grego, a toda a sua volta. A crisálida domina o fuste de uma coluna, pousado no meio de um pedestal. Nas outras paredes da câmara, medalhões de ferro polido representam cabeças de animais, de um boi, de um leão, de uma águia, de um cão, e a cabeça de um burro — de novo!*

As lâmpadas de argilas, suspensas por baixo dessas imagens, produzem uma luz vacilante. Antão, através de um buraco na muralha, avista a lua, que brilha ao longe, sobre as vagas, e consegue mesmo distinguir a sua leve e monótona marulhada, e o ruído surdo da carena de um navio batendo de encontro às pedras de um molhe.

Homens agachados, o rosto sob os mantos, soltam, a espaços, como que um latido abafado. Mulheres dormitam, a cabeça pousada sobre os braços que, cruzados, sustentam os joelhos, e tão atafulhadas nos seus véus que antes se diriam pilhas de trapos dispostas ao longo do muro.

Ao pé delas, crianças seminuas, devoradas pela vermina, olham, com um ar idiota, as lâmpadas arderem —; e nada fazem; esperam alguma coisa.

Falam em voz baixa dos seus familiares, ou entregam uns aos outros remédios para as suas maleitas. Muitos deles embarcarão ao romper do sol, quando a perseguição recrudesce. Os pagãos, contudo, não são difíceis de enganar. «Eles acreditam, os tolos, que nós adoramos Quenúbis!*»*

Mas um dos irmãos, subitamente inspirado, posta-se diante da coluna, onde colocaram um pão que encima um cesto cheio de funcho e de aristolóquias.

Os outros tomaram os seus lugares, formando, de pé, três linhas paralelas.

O INSPIRADO

desenrola uma pancarta envolvida em cilindros entrelaçados, depois começa:

Sobre as trevas, o clarão do Verbo desceu, e um grito violento, que parecia a voz da luz, soltou-se.

TODOS

respondem, balançando os seus corpos:

Kyrie eleison!

O INSPIRADO

O homem, em seguida, foi criado pelo infame Deus de Israel, com a ajuda daqueles:

Designando os medalhões,

Astophaios, Oraios, Sabaoth, Adonai, Eloi, Iaô!

E jazia na lama, hediondo, débil, informe, sem pensar.

TODOS

num tom plangente:

Kyrie eleison!

O INSPIRADO

Mas Sofia, compadecida, vivificou-o com uma parcela da sua alma. Então, vendo o homem tão belo, Deus encolerizou--se. Aprisionou-o no seu reino, interditando-lhe a árvore da ciência.

Sofia, uma vez mais, socorreu-o. Enviou a serpente, que, através de inúmeras subtilezas, o fez desobedecer a essa lei de ódio.

E o homem, quando provou a ciência, compreendeu as coisas celestes.

TODOS

com força:

Kyrie eleison!

O INSPIRADO

Mas Iabdalaoth, para se vingar, precipitou o homem na matéria, e com ele a serpente!

TODOS

muito baixinho:

Kyrie eleison!

Fecham a boca, depois calam-se.

Os cheiros do porto misturam-se no ar quente ao fumo das lâmpadas. As suas mechas, crepitando, vão-se extinguindo;

grandes mosquitos rodopiam. E Antão agoniza de angústia; é como o sentimento de uma monstruosidade que flutua à sua volta, o pavor de um crime prestes a ser cometido.

Mas

O INSPIRADO

batendo com o calcanhar, estalando os dedos, abanando a cabeça, salmodia num ritmo furioso, ao som de címbalos e de uma flauta de bisel:

Vem! Vem! Vem! Sai da tua caverna!

Veloz, que corres sem pés, captador, que enleias sem mãos!

Sinuoso como os rios, orbicular como o sol, negro com manchas de ouro, como o firmamento semeado de estrelas! Semelhante às espirais da videira e às circunvalações das entranhas!

Não gerado! Comedor de terra! Sempre jovem! Perspicaz! Venerado em Epidauro! Bom para os homens! O que curou o rei Ptolomeu, os soldados de Moisés, e Glauco, filho de Minos!

Vem! Vem! Vem! Sai da tua caverna!

TODOS

repetindo:

Vem! Vem! Vem! Sai da tua caverna!

No entanto, nada aparece.

Porquê? Que tem ele?

E concertam-se entre si, propõem formas de agir.

Um ancião oferece um monte de erva. Isso leva a que dentro do cesto ocorra um motim. A verdura agita-se, flores caem — e a cabeça de um pitão aparece.

A cobra passa lentamente sobre a borda do pão, como um círculo que girasse em torno de um disco imóvel, depois desenrola-se, estira-se; é enorme e tem um peso considerável. Para impedir que se arraste pelo chão, os homens seguram-na contra os seus peitos, as mulheres contra as suas cabeças, as crianças amparam-na com os braços estendidos — e a sua cauda, saindo por um orifício da muralha, prolonga-se indefinidamente até ao fundo do mar. Os seus anéis desdobram-se, enchem a câmara; enclausuram Antão.

OS FIÉIS

colando a boca de encontro à pele, disputam o pão que o pitão mordeu.

És tu! És tu!

Erguido primeiro por Moisés, derrubado por Ezequias, restabelecido pelo Messias. Ele bebeu-te nas ondas do batismo; mas tu abandonaste-o no Jardim das Oliveiras, e ele sentiu então toda a sua fraqueza.

Enroscado no madeiro da cruz, e acima da sua cabeça, babando sobre a coroa de espinhos, viste-o morrer. — Pois tu não és Jesus, tu, tu és o Verbo! Tu és o Cristo!

Antão desfalece de horror e cai diante da sua cabana, sobre lascas de madeira, onde arde, lentamente, a tocha que lhe escorregou da mão.

Essa comoção fá-lo entreabrir os olhos; e ele vê o Nilo, ondulante e claro sob a brancura da lua, como uma grande serpente no meio das areias —; ainda que a alucinação o domine de novo, ele não tinha deixado os Ofitas; estes rodeiam-no, chamam-no, carregam bagagens; descem em direção ao porto. Antão embarca com eles.

Um tempo incalculável decorre.

Depois, a abóbada de uma prisão cerca-o. As barras, à sua frente, formam linhas negras sobre um fundo azul —; e a seu lado, nas sombras, pessoas choram e rezam rodeadas por outras pessoas que as exortam e consolam.

No exterior, dir-se-ia o burburinho de uma multidão, e o esplendor de um dia de verão.

Vozes agudas apregoam melancias, água, bebidas geladas, almofadas de erva que servem de assento. De quando em quando, irrompem aplausos. Ouve passos sobre a sua cabeça.

De repente, eclode um longo rugido, forte e cavernoso como o barulho da água num aqueduto.

E ele avista, em frente, atrás das grades de uma outra jaula, um leão que se passeia para cá e para lá —; imediatamente a seguir, uma fila de sandálias, pernas nuas e franjas de púrpura. Mais além, rodas de pessoas, escalonadas simetricamente, vão-se alargando, desde a mais baixa, que cinge a arena, até à mais alta, onde se erguem mastros levantados para suportar um toldo de jacinto, esticado no ar, com cordames. Escadarias que irradiam para o centro, cortam, em intervalos iguais, esses grandes círculos de pedra. Os seus degraus desaparecem sob a enorme quantidade de gente sentada, cavaleiros, senadores, soldados, plebeus, vestais e cortesãs — em capuzes de lã, em manípulos de seda, em túnicas fulvas, com tiaras de pedrarias, penachos de plumas, feixes de lictores; e tudo isso fervilhando, gritando, num furioso tumulto, atordoa-o como uma imensa caldeira em ebulição. No meio da arena, sobre um altar, fumega um vaso de incenso.

Portanto, as pessoas que o rodeiam são cristãos condenados às feras. Os homens vestem o manto vermelho dos pontífices de Saturno, as mulheres as fitas de Ceres. Os seus amigos partilham entre si pedaços das suas vestes, anéis. Para se introduzirem na prisão, foi preciso, dizem eles, despender muito dinheiro. Que importa isso! Eles ficarão até ao fim.

Entre esses consoladores, Antão repara num homem calvo, com uma túnica preta, cujo rosto já vira em algum lugar; entretêm-nos com uma conversa a respeito do nada do mundo e da felicidade dos escolhidos. Antão sente-se transportado de amor. Aspira pela ocasião em que possa derramar a sua vida pelo Salvador, sem saber bem se ele próprio não será um daqueles mártires.

Mas, à exceção de um Frígio de cabelo comprido, que permanece de braços erguidos, têm todos um ar triste. Um velho, sentado num banco, soluça, e um jovem sonha, de pé, a cabeça baixa.

O VELHO

não quis pagar, no canto de uma encruzilhada, diante de uma estátua de Minerva; e encara os seus companheiros com um olhar que significa:

Devíeis ter-me socorrido! Por vezes, algumas comunidades conseguem que as deixem em paz. Muitos de vós recebestes mesmo essas cartas declarando falsamente que se faziam sacrifícios aos ídolos.

Ele pergunta:

Não foi Pedro de Alexandria que regulou àquilo que deve ser feito quando nos vergamos aos tormentos?

Depois, num tom baixo, para si mesmo:

Ah, tudo isto é muito duro com a minha idade! As minhas enfermidades enfraquecem-me tanto! E, contudo, poderia ainda viver até ao próximo inverno!

A recordação do seu pequeno jardim enternece-o —; e ele olha para o lado do altar.

O JOVEM

que tinha perturbado, com uma cena de pancadaria, uma festa de Apolo, murmura:

Dependia só de mim, no entanto, fugir para as montanhas!

— Os soldados ter-te-iam apanhado, diz um dos irmãos.
— Oh, faria como Cipriano! Teria regressado, e, da segunda vez, teria mais força, de certeza!

De seguida, pensa nos inúmeros dias que teria para viver, em todas as alegrias que jamais conhecerá —; e olha para o lado do altar.

Mas

O HOMEM DA TÚNICA PRETA

corre para ele:

Que escândalo! Como? Tu, uma vítima de eleição? Todas estas mulheres que te olham, pensa bem! E depois Deus, por vezes, faz milagres. Piónio paralisou a mão dos seus algozes, o sangue de Policarpo extinguiu as chamas da sua pira.

Vira-se para o velho:

Pai, Pai! Deves edificar-nos através da tua morte. Protelando--a, cometerás, sem dúvida, uma má ação que deitará a perder o fruto das boas. De resto, o poder de Deus é infinito. Talvez o teu exemplo converta todo o povo.

E na jaula em frente, os leões passam e repassam sem parar, num movimento contínuo, rápido. O maior deles olha, de repente, para Antão, desata a rugir — e um vapor sai da sua goela. As mulheres comprimem-se contra os homens.

O CONSOLADOR

vai de um para outro.

Que diríeis vós, que dirias tu, se te queimassem com placas de ferro, se cavalos te esquartejassem, se o teu corpo besuntado de mel fosse devorado por moscas! Terás apenas a morte de um caçador que é surpreendido num bosque.

Antão preferiria tudo isso às horríveis bestas ferozes; imagina já sentir os seus dentes, as suas garras, ouvir os seus ossos partirem-se sob o peso daquelas mandíbulas.

Um beluário entra no calabouço; os mártires tremem.

Só um fica impassível, o Frígio, que rezava mais afastado. Incendiou três templos; e avança com os braços levantados, a boca aberta, a cabeça virada para o céu, sem nada ver, como um sonâmbulo.

O CONSOLADOR

exclama:

Para trás! Para trás! O espírito de Montano apoderar-se-á de vós.

TODOS

recuam, vociferando:

Maldito seja o Montanista!

Injuriam-no, cospem-lhe em cima, querem sová-lo.

Os leões açulados mordem as próprias jubas. O povo urra: «Às feras! Às feras!»

Os mártires irrompem em lágrimas, abraçam-se. Uma taça de vinho narcótico é-lhes oferecida. Eles passam-na de mão em mão, calorosamente.

Encostado à porta da jaula um outro beluário espera pelo sinal. A porta abre-se; um leão sai. Atravessa a arena, com largas passadas oblíquas. Atrás dele, em fila, aparecem os outros leões, depois um urso, três panteras, alguns leopardos. Dispersam-se como um rebanho num prado.

O estalido de um chicote ressoa. Os cristãos hesitam — e, para acabar com aquilo, os seus irmãos empurram-nos para fora. Antão fecha os olhos.

Abre-os. Mas as trevas envolvem-nos.

Logo as trevas se aclaram; e ele distingue uma planície árida e ondulada, como as que se veem em redor das pedreiras abandonadas.

Aqui e ali, matas de arbustos erguem-se por entre as lajes, crescendo rasas ao chão; e formas brancas, mais vagas do que nuvens, debruçam-se sobre elas.

Outras chegam, suavemente. Olhos brilham na ranhura dos longos véus. Na indolência dos seus passos e nos perfumes que exalam. Antão reconhece as patrícias. Também há homens, mas de condição inferior, porquanto as suas feições são simultaneamente ingénuas e grosseiras.

UMA DELAS

respirando fundo:

Ah, como é bom o ar frio da noite, no meio dos sepulcros! Estou tão cansada da maciez dos leitos, do bulício dos dias, do peso do sol!

A sua serva retira de um saco de pano uma tocha e acende-a. Os fiéis ateiam outras tochas nessa primeira e vão plantá-las nos túmulos.

UMA MULHER

ofegante:

Ah, por fim, eis-me aqui! Mas que maçada ter casado com um idólatra!

OUTRA

As visitas às prisões, as conversas com os nossos irmãos, tudo é suspeito aos olhos dos nossos maridos! — e temos mesmo de nos esconder quando fazemos o sinal da cruz; tomá-lo-iam por uma conjuração mágica.

UMA OUTRA

Com o meu, havia discussões diárias; não me queria submeter aos abusos que ele exigia do meu corpo —; e ele, para se vingar, fez-me ser perseguida como cristã.

UMA OUTRA AINDA

Lembrai-vos dele, de Lúcio, aquele jovem tão belo que, como Heitor, foi arrastado pelos pés, amarrado à traseira de um carro de combate, desde a porta esquiliana até às montanhas de Tibur —; e dos dois lados do caminho o sangue manchava as moitas! Eu recolhi as gotas. Ei-las!

Ela retira do seu peito uma esponja negra, cobre-a de beijos, depois atira-se sobre as lápides, gritando:

Ah, meu amigo! Meu amigo!

UM HOMEM

Faz hoje precisamente três anos que Domitila morreu. Foi apedrejada nas profundezas do bosque de Proserpina. Recolhi os seus ossos, que brilhavam como pirilampos no meio das ervas. A terra cobre-os agora!

O homem atira-se para cima de um túmulo.

Oh, minha noiva! Minha noiva!

E TODOS OS OUTROS

fazendo a sua voz ecoar através da planície:

Ó minha irmã! Ó meu irmão! Ó minha filha! Ó minha mãe!

Estão de joelhos, a fronte nas mãos, ou estendidos ao comprido, os dois braços esticados —; e os soluços que sustêm oprimem os seus peitos quase ao ponto de eles explodirem. Olham o céu, dizendo:

Tende piedade da sua alma, ó meu Deus! Ela definha na morada das sombras; digna-te admiti-la na Ressurreição, para que ela possa desfrutar da tua luz!

Ou, então, de olhos fixos nas lápides, murmuram:

Apazigua-te, não sofre mais! Trouxe-te vinho, carnes!

UMA VIÚVA

Aqui estão papas de aveia, feitas por mim, como ela gosta, com muitos ovos e uma dupla medida de farinha! Comê-las-emos juntos, como fizemos no passado, certo?

Leva um pouco aos lábios; e, de repente, põe-se a rir, de uma forma extravagante, frenética.

Os outros, como ela, rilham algum pedaço que tinham trazido, bebem um trago. Contam uns aos outros as histórias dos seus mártires; a dor é exaltada, as libações redobram. Os seus olhos, encharcados de lágrimas, fixam-se uns nos outros. Balbuciam de embriaguez e de desolação; pouco a pouco, as suas mãos tocam-se, os seus lábios unem-se, os véus entreabrem-se, e eles misturam-se sobre as tumbas, entre as taças e as tochas.

O céu começa a clarear. A névoa humedece as suas roupas —; e, sem parecer terem consciência uns dos outros, afastam-se por diferentes caminhos, campo dentro.

O sol brilha; a erva cresceu, a planície transformou-se.

E, através dos bambus, Antão vê claramente uma floresta de colunas, de um cinzento azulado. São troncos de árvores provenientes de um único tronco. De cada um dos seus ramos, descem outros ramos que se enterram no solo; e o conjunto de todas essas linhas horizontais e perpendiculares, indefinidamente multiplicadas, assemelhar-se-ia, se não tivesse, aqui e ali, um pequeno figo, com uma folhagem enegrecida, como a do sicómoro, a um travejamento monstruoso.

Nas suas bifurcações, Antão distingue cachos de flores amarelas, de flores violetas e de fetos, semelhantes a plumas de pássaros.

Sob os galhos mais baixos, aparecem, aqui e ali, os cornos de um búbalo, ou os olhos brilhantes de um antílope; papagaios empoleiram-se, borboletas esvoaçam, lagartos arrastam-se, moscas zunem, e, no meio do silêncio, ouve-se como que a palpitação de uma vida profunda.

À entrada do bosque, sobre uma espécie de pira, está uma coisa estranha — um homem — coberto com bosta de vaca, completamente nu, mais seco do que uma múmia; as suas articulações formam nós nas extremidades dos seus ossos, que parecem paus. Tem cachos de conchas nas orelhas, um rosto muito comprido, o nariz em forma de bico de abutre. O seu braço esquerdo permanece esticado no ar, anquilosado, hirto como uma estaca —; e está ali parado há tanto tempo que as aves fizeram um ninho na sua cabeleira.

Nos quatro cantos da sua pira, ardem quatro fogos. O sol está mesmo à sua frente. Ele contempla-o, os grandes olhos arregalados —; e sem olhar Antão:

Brâmane das margens do Nilo, que dizes a isto?

Através dos intervalos das traves, chamas saem por todos os lados; e

O GIMNOSOFISTA

retoma:

Como o rinoceronte, afundei-me na solidão. Eu morava na árvore atrás de mim.

De facto, a grande figueira apresenta, nas suas caneluras, uma escavação natural do tamanho de um homem.

E alimentava-me de flores e de frutos, com uma tal observância dos preceitos que nem os cães me viam comer.

Uma vez que a existência provém da corrupção, a corrupção do desejo, o desejo da sensação, a sensação do contacto, evitei toda a ação, todo o contacto —; e, mexendo-me tanto como a estela de um túmulo, exalando o ar pelas narinas, fixando o olhar no meu nariz, e, tendo em conta o éter no meu espírito, o mundo nos meus membros, a lua no meu coração —, pensava na essência da grande Alma, de onde se evolam continuamente, como centelhas de fogo, os princípios da vida.

Captei, por fim, a Alma suprema em todos os seres, todos os seres na Alma suprema; e consegui fazer aí entrar a minha alma, na qual havia recolhido os meus sentidos.

Recebo a ciência diretamente do céu, como a ave Tchataka, que sacia a sua sede unicamente no brilho da chuva.

É exatamente por conhecer as coisas que as coisas deixam de existir.

Para mim, agora, já não há esperança ou angústia, não há felicidade, não há virtude, não há dia nem noite, nem tu nem eu, absolutamente nada.

As minhas terríveis austeridades tornaram-me superior aos Poderes. Uma contração do meu pensamento pode matar cem filhos de reis, destronar os deuses, virar o mundo de cabeça para baixo.

Disse tudo isto com uma voz monótona.

As folhas à sua volta encarquilhavam. Os ratos, no chão, fugiam.

Baixa lentamente os olhos para as chamas que sobem, depois acrescenta:

Ganhei aversão à forma, aversão à perceção, aversão até ao próprio conhecimento —, porque o pensamento não sobrevive ao facto transitório que o causa, e o espírito, como tudo o mais, não é senão uma ilusão.

Tudo o que é gerado perecerá, tudo o que está morto deve reviver; os seres agora extintos habitarão matrizes ainda não formadas, e regressarão à terra para servirem, em dor, outras criaturas.

Mas, como já passei por uma série infinita de existências, sob a forma de invólucros de deuses, de homens e de animais, renuncio à viagem, não quero mais para mim esse cansaço! Abandono o sujo albergue do meu corpo, feito de carne, tingido de sangue, coberto por uma pele hedionda, repleto de imundícies —; e, como recompensa, dormirei por fim nas profundezas do absoluto, na Aniquilação.

As chamas sobem-lhe até ao peito —, depois envolvem-no. A sua cabeça passa através delas, como se por um buraco no muro. Os seus olhos esbugalhados vendo sempre.

ANTÃO

levanta-se.

A tocha, por terra, incendiou os pedaços de madeira; e as chamas chamuscaram-lhe a barba.

Sem parar de gritar, Antão calca o fogo —; e quando não resta senão um monte de cinzas:

Mas onde está Hilarião? Ele estava aqui agora mesmo. Eu vi-o!

Ah, não! É impossível! Estou enganado!

Porquê?... A minha cabana, estas pedras, a areia, talvez nada disso seja já realidade. Estou a enlouquecer. Calma! Onde é que eu estava? Quem é que estava aqui?

Ah, o gimnosofista!! Esta é uma morte comum entre os sábios indianos. Kalanos imolou-se diante de Alexandre; um outro fez o mesmo no tempo de Augusto. Que ódio à vida é preciso ter! Será o orgulho a impulsioná-los?... Pouco importa, é uma intrepidez de mártires!... Quanto aos outros, acredito agora em tudo o que me foi dito sobre as devassidões que eles ocasionam.

E antes? Sim, eu lembro-me! A multidão de heresiarcas... Que gritos! Que olhos! Mas porquê tantos excessos da carne e tantos desvarios do espírito?

É a Deus que eles pretendem dirigir-se através de todas essas vias! Que direito tenho eu de os maldizer, eu que vacilo na minha? Quando eles desapareceram eu estava a ponto de, quem sabe, aprender mais coisas. Tudo aquilo rodopiava demasiado depressa; não tinha sequer tempo de responder. Agora, é como se houvesse no meu entendimento mais espaço e mais luz. Estou tranquilo. Sinto-me capaz de... O que é isto? Julguei ter extinguido o fogo!

Uma chama volteia entre as rochas; e logo uma voz entrecortada se faz ouvir, ao longe, na montanha.

Será o ulular de uma hiena, ou os soluços de algum viajante perdido?

Antão escuta. A chama aproxima-se.

Vê aparecer uma mulher que chora, encostada ao ombro de um homem de barba branca.

Está coberta por uma veste de púrpura, esfarrapada. Ele, de cabeça igualmente descoberta, usa uma túnica da mesma cor e carrega um vaso de bronze, do qual se eleva uma pequena chama azul.

Antão tem medo — e gostaria de saber quem é aquela mulher.

O ESTRANGEIRO (SIMÃO)

É uma rapariguinha, uma pobre criança, que levo comigo para todo o lado.

Ele ergue o vaso de bronze.

Antão observa-a, à frouxa luz daquela chama que vacila. Tem no rosto marcas de mordeduras, ao longo dos braços vestígios de golpes; os seus cabelos desgrenhados prendem-se nos rasgões dos seus andrajos; os seus olhos parecem insensíveis à luz.

SIMÃO

Por vezes, fica assim durante muito tempo, sem falar, sem comer; depois acorda — e começa a debitar coisas maravilhosas.

ANTÃO

Mesmo?

SIMÃO

Ennoia! Ennoia! Ennoia! Conta o que tens a dizer!

Ela revira os olhos como se emergisse de um sonho, passa lentamente os dedos sobre ambas as sobrancelhas, e com uma voz dolente:

HELENA (ENNOIA)

Lembro-me de uma região longínqua, cor de esmeralda. Ocupada por uma única árvore.

Antão estremece.

Em cada nível dos seus enormes ramos sustenta-se no ar um par de Espíritos. Os galhos à volta deles entrecruzam-se, como as veias de um corpo, e eles veem a vida eterna circular, desde as raízes que mergulham na sombra até ao cume que ultrapassa em altura o sol. Eu, no segundo galho, iluminava com a minha face as noites de verão.

ANTÃO

tocando a sua fronte.

Ah! Ah! Estou a ver! A cabeça!

SIMÃO

pondo o dedo sobre a boca:

Chiu!...

HELENA

A vela permanecia inflada, a carena fendia a escuma. Ele dizia-me: «Que importa se tumultuo a minha pátria, se perco o meu reino! Tu pertencer-me-ás, em minha casa!»

Como era doce a alta câmara do seu palácio! Ele deitava-se no leito de marfim, e, acariciando a minha cabeleira, cantava apaixonadamente.

Ao fim do dia, eu avistava os dois acampamentos, as lanternas que se acendiam, Ulisses à entrada da sua tenda, Aquiles, de armadura, conduzindo um carro de combate ao longo da orla do mar.

ANTÃO

Mas ela está completamente louca! Porquê?...

SIMÃO

Chiu!... Chiu!

HELENA

Besuntaram-me com unguentos e venderam-me ao povo para que eu o divertisse.

Uma noite, de pé, tocando sistro, fazia dançar alguns marinheiros gregos. A chuva, como uma catarata, caía sobre a taberna, e taças de vinho quente fumegavam. Um homem entrou, sem que a porta se tivesse aberto.

SIMÃO

Era eu! Encontrei-te!

Ei-la, Antão, aquela a quem chamamos Sigeh, Ennoia, Barbelo, Prouneikos!

Os espíritos governadores do mundo tiveram ciúmes dela e prenderam-na num corpo de mulher.

Ela foi a Helena dos Troianos, cuja memória foi amaldiçoada pelo poeta Estesícoro. Ela foi Lucrécia, a patrícia violada pelos reis. Ela foi Dalila, que cortou o cabelo de Sansão. Ela foi aquela filha de Israel que se entregava aos bodes. Ela amou o adultério, a idolatria, a mentira e a loucura. Prostituiu-se com todos os povos. Cantou em todas as encruzilhadas. Beijou todos os rostos.

Em Tiro, foi a Siriana, amante de ladrões. Bebia com eles noite dentro e escondia os assassinos na vermina do seu tépido leito.

ANTÃO

E que tenho eu com isso?

SIMÃO

com ar furioso:

Eu resgatei-a, digo-te —, e restabeleci-a no seu esplendor; tanto assim que Caio César Calígula apaixonou-se por ela, pois queria dormir com a Lua!

ANTÃO

E?...

SIMÃO

Mas ela é a Lua! O Papa Clemente, não escreveu ele que ela foi aprisionada numa torre? Trezentas pessoas vieram cercar a torre; e em cada uma das seteiras, e em todas ao mesmo tempo, se viu a lua a aparecer, embora não existam no mundo várias luas, nem várias Ennoias!

ANTÃO

Sim... Acho que me lembro...

E cai num devaneio.

SIMÃO

Inocente como o Cristo, que morreu pelos homens, ela sacrificou-se pelas mulheres. Porque a impotência de Jeová é demonstrada pela transgressão de Adão, e é preciso livrarmo-nos da velha lei, hostil à ordem das coisas.

Preguei a renovação em Efraim e em Issacar, ao longo da corrente de Besor, por trás do lago Huleh, no vale de Magido, e para lá das montanhas, em Bosra e em Damasco. Venham a mim aqueles que estão carregados de vinho, aqueles que estão carregados de lama, aqueles que estão carregados de sangue, e eu apagarei as suas máculas com o Espírito Santo, denominado de Minerva pelos Gregos! Ela é Minerva! Ela é o Espírito Santo! Eu sou Júpiter, Apolo, o Cristo, o Paráclito, o grande poder de Deus, encarnado na pessoa de Simão!

ANTÃO

Ah, és tu!... És então tu? Mas eu conheço os teus crimes! Nasceste em Gitti, perto da Samaria. Dositeu, o teu primeiro mestre, mandou-te embora! Execras São Paulo por ter convertido uma das tuas mulheres; e, derrotado por São Pedro, cheio de fúria e de terror, atiraste às ondas o saco que continha os teus artifícios!

SIMÃO

Quere-los?

Antão olha-o —; e uma voz interior murmura no seu peito. «Porque não?»
Simão retoma:

Aquele que conhece as forças da Natureza e a substância dos Espíritos deve operar milagres. Esse é o sonho de todos os sábios — e o desejo que te rói; admite-o!

No meio dos Romanos, no circo, voei a uma tal altura que nunca mais fui visto. Nero ordenou que me decapitassem; mas, ao invés da minha, foi a cabeça de uma ovelha que caiu por terra. Por fim, enterraram-me vivo; mas ressuscitei ao terceiro dia. A prova é que estou aqui!

Dá-lhe as suas mãos a cheirar. Cheiram a cadáver. Antão recua.

Posso fazer mover serpentes de bronze, pôr estátuas de mármore a rir, cães a falar. Mostrar-te-ei uma imensa quantidade de ouro; entronizarei reis; verás povos adorarem-me! Posso caminhar sobre as nuvens e sobre as ondas, passar através de montanhas, aparecer sob a forma de um jovem, de um velho, de um tigre ou de uma formiga, assumir o teu rosto, dar-te o meu, conduzir o raio. Estás a ouvi-los?

Os trovões ribombam, os relâmpagos sucedem-se.

É a voz do Altíssimo! «Porque o Eterno, teu Deus, é um fogo», e todas as criações se operam através das emanações desse centro.

Receberás dele o batismo —, esse segundo batismo anunciado por Jesus, e que desceu sobre os apóstolos, num dia de tempestade em que a janela estava aberta!

E, agitando a chama com a sua mão, lentamente, como para aspergir Antão:

Mãe das misericórdias, tu que revelas os segredos, para que o repouso venha a nós na oitava casa...

ANTÃO

exclama:

Ah, se eu tivesse água benta!

A chama extingue-se, fazendo muito fumo.
Ennoia e Simão desapareceram.
Uma névoa extremamente fria, opaca e fétida, enche a atmosfera.

ANTÃO

estendendo os braços, como um cego:

Onde estou?... Tenho medo de cair no abismo. E a cruz, claro está, está muito longe de mim... Ah, que noite! Que noite!

Com uma rajada de vento, o nevoeiro dissipa-se —; e Antão avista dois homens, cobertos de longas túnicas brancas.

O primeiro é de grande estatura, rosto amável e porte grave. Os seus cabelos louros, separados como os de Cristo, caem simetricamente sobre os ombros. Arremessou ao ar uma varinha que trazia na mão e que o seu companheiro recebeu fazendo uma reverência à maneira dos Orientais.

Este último é baixo, gordo, atarracado, com o pescoço rechonchudo, cabelos encrespados, de aspeto ingénuo.

Estão ambos descalços, com a cabeça descoberta, e todos empoeirados como pessoas que tivessem chegado de uma viagem.

ANTÃO

sobressaltado:

Que quereis? Dizei! Ide-vos embora!

DAMIS

— *que é o baixinho.* —

Pronto, pronto, bom eremita! O que é que eu quero? Nem sei! Aqui está o mestre.

Senta-se, o outro permanece de pé. Silêncio.

ANTÃO

prosseguindo:

Vindes vós de?...

DAMIS

Oh! De longe — de muito longe!

ANTÃO

E ides para?...

DAMIS

apontando para o outro:

Para onde ele quiser!

ANTÃO

Quem é ele então?

DAMIS

Olha-o!

ANTÃO

aparte:

Parece um santo! Se eu ousasse...

A fumarada desapareceu. A noite está muito clara. A lua brilha.

DAMIS

Em que pensais, que nada dizeis?

ANTÃO

Penso em… Oh, em nada.

DAMIS

avança em direção a Apolónio e dá várias voltas em seu redor, o tronco curvado, sem erguer a cabeça.

Mestre! É um eremita galileu que pede para conhecer as origens da sabedoria.

APOLÓNIO

Que se aproxime!

Antão hesita.

DAMIS

Aproximai-vos!

APOLÓNIO

com uma voz atroadora:

Aproxima-te! Queres saber quem sou, o que fiz, o que penso? É isso que queres, filho?

ANTÃO

... Se essas coisas puderem, ainda assim, contribuir para a minha salvação.

APOLÓNIO

Alegra-te, dir-tas-ei!

DAMIS

num tom baixo para Antão:

Será possível! É forçoso que ele tenha reconhecido em ti, à primeira vista, inclinações extraordinárias para a filosofia! Também eu tirarei partido disso!

APOLÓNIO

Contar-te-ei, em primeiro lugar, o longo caminho que percorri para obter a doutrina; e se encontrares em toda a minha vida uma má ação, interromper-me-ás — pois devemos escandalizar por palavras aqueles que pecaram por obras.

DAMIS

virando-se para Antão:

Que homem justo, hein!?

ANTÃO

Decididamente, creio-o sincero.

APOLÓNIO

Na noite em que nasci, a minha mãe acreditou que estava a colher flores na margem de um lago. Um clarão apareceu, e ela deu-me à luz entre a voz dos cisnes que cantavam no seu sonho.

Até aos quinze anos, mergulharam-me, três vezes por dia, na fonte Asbadeu, cuja água torna os perjuros hidrópicos; e esfregaram-me o corpo com as folhas da camomila para me fazerem casto.

Uma princesa palmiriana veio procurar-me uma noite, oferecendo-me tesouros que ela sabia estarem nos túmulos. Um hierodulo do templo de Diana degolou-se, desesperado, com a faca sacrificial; e o governador da Cilícia, depois das suas promessas, exclamou, diante da minha família, que haveria de mandar matar-me; mas foi ele que morreu três dias depois, assassinado pelos Romanos.

DAMIS

virando-se para Antão e cotovelando-o:

Hein? Eu não dizia! Que homem!

APOLÓNIO

Guardei durante os quatro anos seguidos o silêncio completo dos pitagóricos. A dor mais imprevista não me arrancou um único suspiro; e no teatro, quando entrava, afastavam-se de mim como de um fantasma.

DAMIS

Teríeis vós feito isso, vós?

APOLÓNIO

Terminado o tempo das minhas provações, comecei a instruir os padres que se haviam afastado da tradição.

ANTÃO

Que tradição?

DAMIS

Deixai-o continuar! Calai-vos!

APOLÓNIO

Convivi com os Samaneanos do Ganges, com os astrólogos da Caldeia, com os mágicos da Babilónia, com os Druidas gauleses, com os sacerdócios dos negros! Subi os catorze Olimpos, sondei os lagos da Cítia, medi a grandeza do Deserto!

DAMIS

É verdade, tudo isso! Eu estava lá, eu!

APOLÓNIO

Estive primeiro no mar da Hircânia. Circundei-o; e pelo país dos Baraomates, onde está enterrado Bucéfalo, desci para Nínive. Às portas da cidade, um homem acercou-se.

DAMIS

Era eu, eu, meu bom mestre! Amei-vos de imediato! Éreis mais doce do que uma rapariga e mais belo do que um Deus!

APOLÓNIO

sem lhe prestar atenção:

Ele queria acompanhar-me, para me servir de intérprete.

DAMIS

Mas respondestes que compreendíeis todas as línguas e que adivinháveis todos os pensamentos. Beijei então a orla do vosso manto e pus-me a caminhar atrás de vós.

APOLÓNIO

Depois de Ctesifonte, entrámos nas terras da Babilónia.

DAMIS

E o sátrapa soltou um grito, vendo um homem tão pálido.

ANTÃO

aparte:

E isso significa que...

APOLÓNIO

O rei recebeu-me de pé, junto a um trono de prata, numa sala redonda, constelada de estrelas —; e da cúpula pendiam, em fios dos quais não nos apercebíamos, quatro grandes pássaros de ouro, com ambas as asas abertas.

ANTÃO

cogitando:

Haverá mesmo sobre a terra semelhantes coisas?

DAMIS

Aquilo é que é uma cidade, essa Babilónia! Ali todos são ricos! As casas, pintadas de azul, têm portas de bronze, com escadarias que descem até ao rio.

Desenhando no chão, com o seu bordão.

Assim, estais a ver? E depois há templos, praças, banhos, aquedutos! Os palácios estão cobertos de cobre vermelho! E o interior, então! Se soubésseis!

APOLÓNIO

Na muralha setentrional, eleva-se uma torre que suporta uma segunda, uma terceira, uma quarta, uma quinta — e há ainda outras três! A oitava é uma capela onde há um leito. Ninguém aí entra senão a mulher escolhida pelos sacerdotes para o deus Belus. O rei da Babilónia albergou-me lá.

DAMIS

Quanto a mim, mal deram por mim! De maneira que fiquei sozinho e aproveitei para passear pelas ruas. Inteirei-me dos costumes; visitei as oficinas; examinei as grandes máquinas que transportavam água para os jardins. Mas aborreceu-me estar separado do Mestre.

APOLÓNIO

Por fim, deixámos a Babilónia; e, à luz do luar, vimos, de repente, uma empusa.

DAMIS

É verdade! Ela saltava sobre os seus cascos de ferro; relinchava como um burro; galopava nos rochedos. O mestre gritou-lhe injúrias; ela desapareceu.

ANTÃO

aparte:

Onde é que eles querem chegar?

APOLÓNIO

Em Taxila, capital de cinco mil fortalezas, Fraortes, rei do Ganges, mostrou-nos a sua guarda de negros, homens com cinco côvados de altura, e nos jardins do seu palácio, sob um pavilhão de brocado verde, um enorme elefante, que as rainhas se divertiam a perfumar. Era o elefante de Poro, que havia fugido após a morte de Alexandre.

DAMIS

E que foi encontrado numa floresta.

ANTÃO

Falam de mais, como os bêbados.

APOLÓNIO

Fraortes fez-nos sentar à sua mesa.

DAMIS

Que país esquisito! Os senhores, enquanto bebem, divertem-se a atirar setas aos pés de uma criança que dança. Mas eu não aprovo isso…

APOLÓNIO

Quando me dispus a partir, o rei deu-me um guarda-sol e disse-me: «Tenho no Indo uma criação de camelos brancos.

Quando já não te forem precisos, sopra às suas orelhas. Eles regressarão.»

Descemos ao longo do rio, caminhando de noite à luz dos pirilampos que brilhavam nos bambus. O escravo assobiava uma melodia para espantar as serpentes; e os nossos camelos curvavam as costas ao passarem debaixo das árvores, como sob portas demasiado baixas.

Um dia, uma criança negra que tinha um caduceu de ouro na mão, levou-nos ao colégio de sábios. Iarchas, o seu chefe, falou-me dos meus antepassados, de todos os meus pensamentos, de todas as minhas ações, de todas as minhas existências. Ele havia sido o rio Indo, e lembrou-me que eu tinha conduzido barcos no Nilo, no tempo do rei Sesóstris.

DAMIS

A mim, nada me disseram, de modo que não sei quem fui.

ANTÃO

Eles têm o aspeto vago das sombras.

APOLÓNIO

Encontrámos, à beira-mar, os Cinocéfalos empanturrados de leite, que regressavam da sua expedição à ilha da Taprobana. As ondas tépidas depositavam diante de nós pérolas douradas. O âmbar rangia debaixo dos nossos pés. Esqueletos de baleias branquejavam nas fendas das falésias. A terra, para o fim, tornou-se mais estreita do que uma sandália —; e depois de termos lançado em direção ao sol gotas do Oceano, virámos à direita, para regressarmos.

Regressámos pela região dos Aromatos, pelo país dos Gangaridas, pelo promontório de Comaria, pela terra dos Sacalites, dos Adramitas e dos Homeritas —; depois, através dos montes Cassanianos, do mar Vermelho e da ilha Topazios, penetrámos na Etiópia pelo reino dos Pigmeus.

ANTÃO

aparte:

Como é grande, a Terra!

DAMIS

E quando finalmente regressámos a casa, todos aqueles que outrora havíamos conhecido já tinham morrido.

Antão baixa a cabeça. Silêncio.

APOLÓNIO

retoma:

Foi então que, pelo mundo, começaram a falar de mim.

A peste devastava Éfeso; mandei apedrejar um velho mendigo.

DAMIS

E a peste acabou!

ANTÃO

Como?! Ele expulsa as doenças?

APOLÓNIO

Em Cnido, curei o apaixonado da Vénus.

DAMIS

Sim, um louco, que tinha mesmo prometido desposá-la. — Amar uma mulher ainda passa; mas uma estátua, que tolice! — O Mestre colocou a mão no seu coração; e o amor extinguiu-se imediatamente.

ANTÃO

O quê?! Ele expulsa os demónios?

APOLÓNIO

Em Taranto, estavam a transportar para uma pira o corpo de uma menina morta.

DAMIS

O Mestre tocou-lhe nos lábios, e ela levantou-se e chamou pela sua mãe.

ANTÃO

Como?! Ele ressuscita os mortos?

APOLÓNIO

Eu predisse o poder para Vespasiano.

ANTÃO

O quê?! Ele adivinha o futuro?

DAMIS

Havia em Corinto...

APOLÓNIO

Estando à mesa com ele, nas águas de Baïa...

ANTÃO

Desculpem-me, estrangeiros, já é tarde!

DAMIS

... um jovem a quem chamavam Menipo...

ANTÃO

Não! Não! Ide-vos embora!

APOLÓNIO

Um cão entrou, carregando na boca uma mão decepada.

DAMIS

Uma tarde, num arrabalde, o mestre encontrou uma mulher.

ANTÃO

Vós não me ouvis? Retirai-vos!

APOLÓNIO

O cão vagueava em redor dos leitos.

ANTÃO

Basta!

APOLÓNIO

Quiseram enxotá-lo.

DAMIS

Menipo levou então a mulher de volta a sua casa; amaram-se.

APOLÓNIO

E batendo com a cauda nos mosaicos, o cão depositou a tal mão sobre os joelhos de Flávio.

DAMIS

Mas de manhã, no liceu, durante as lições, Menipo estava pálido.

ANTÃO

dando um pulo:

E eles insistem! Ah, deixa-os continuar, já que não há...

DAMIS

O Mestre disse-lhe: «Ó belo jovem, acaricias uma serpente; uma serpente acaricia-te! Para quando as bodas?» Fomos todos às bodas.

ANTÃO

Fiz mal, visto está, em ficar a ouvir tudo isto!

DAMIS

Logo no vestíbulo, os criados atarefavam-se, as portas abriam-se; não se ouvia, no entanto, nem o som dos passos nem o som das portas. O Mestre ficou ao lado de Menipo. Logo a noiva se encolerizou contra os filósofos. Mas a baixela de ouro, os criados que serviam as bebidas, os cozinheiros, os servos que distribuíam o pão pelos convivas, desapareceram; o telhado voou pelos ares, as paredes desabaram; e Apolónio ficou sozinho, de pé, tendo a seus pés aquela mulher, banhada em lágrimas. Ela era uma vampira que satisfazia os formosos jovens a fim de comer a sua carne —; porque não há nada melhor para essa espécie de espectros do que o sangue dos apaixonados.

APOLÓNIO

Se quiseres saber a arte...

ANTÃO

Eu não quero saber nada!

APOLÓNIO

Na noite da nossa chegada às portas de Roma...

ANTÃO

Oh, sim, falai-me da cidade dos papas!

APOLÓNIO

Um homem ébrio, cantando com uma voz muito doce, abordou-nos. Fazia epitalâmios para Nero; e tinha o poder de matar qualquer um que negligentemente o escutasse. Levava às costas, numa caixa, uma corda tirada da cítara do Imperador. Encolhi os ombros. Ele atirou-nos lama à cara. Então, tirei o cinto e coloquei-o na sua mão.

DAMIS

Estáveis bem enganado, com a breca!

APOLÓNIO

O Imperador, durante a noite, mandou que me chamassem a sua casa. Ele estava a jogar à bugalha com Esporo, apoiado com o braço esquerdo sobre uma mesa de ágata. Virou-se e, franzindo as sobrancelhas loiras: «Porque é que não tens medo de mim?», perguntou-me ele. «Porque o Deus que te fez terrível fez-me a mim intrépido», respondi.

ANTÃO

aparte:

Algo de inexplicável me apavora.

Silêncio.

DAMIS

prossegue com uma voz aguda:

De resto, toda a Ásia poderá dizer-vos…

ANTÃO

sobressaltado:

Não me sinto bem! Deixai-me!

DAMIS

Mas escutai. Ele viu, em Éfeso, Domiciano, que estava em Roma, ser morto.

ANTÃO

esforçando-se por rir:

Isso é lá possível!

DAMIS

Sim, no teatro, em plena luz do dia, ao décimo quarto dia das calendas de outubro, subitamente ele exclamou: «Estão a degolar César!», e ia acrescentando: «Está a rolar por terra; oh, como ele se debate! Levanta-se; tenta fugir; as portas estão fechadas; ah, acabou! Ei-lo morto!» E nesse dia, de facto, Tito Flávio Domiciano foi assassinado, como sabeis.

ANTÃO

Sem a ajuda do Diabo... estou certo...

APOLÓNIO

Ele queria matar-me, esse Domiciano! Damis tinha fugido por ordem minha, e eu fiquei sozinho na minha prisão.

DAMIS

Foi uma audácia terrível, é preciso admitir!

APOLÓNIO

Por volta da quinta hora, os soldados conduziram-me ao tribunal. Eu levava já o meu discurso pronto, escondido sob o manto.

DAMIS

Estávamos à beira-mar, em Pozzuoli, eu e outros mais! Julgávamos-vos já morto; chorávamos. Quando, por volta da sexta hora, subitamente, aparecestes e dissestes-nos: «Sou eu!»

ANTÃO

aparte:

Como Ele!

DAMIS

num tom muito alto:

Absolutamente!

ANTÃO

Oh, não! Mentis, não é? Mentis!

APOLÓNIO

Ele desceu do Céu. Eu, eu subo a ele — graças à minha virtude que me elevou à altura do Princípio!

DAMIS

Tiana, a sua cidade natal, instituiu, em sua honra, um templo com sacerdotes!

APOLÓNIO

aproxima-se de Antão e grita-lhe aos ouvidos:

É que eu conheço todos os deuses, todos os ritos, todas as rezas, todos os oráculos! Penetrei no antro de Trofónio, filho de Apolo! Amassei para siracusanas os bolos que elas levavam para as montanhas! Suportei as oitenta provas de Mitra! Estreitei de encontro ao coração a serpente de Sabázio! Recebi o lenço dos Cabiros! Lavei Cibele nas ondas dos golfos campanianos, e passei três luas nas cavernas da Samotrácia!

DAMIS

rindo estupidamente:

Ah, ah, ah, nos mistérios da Boa Deusa!

APOLÓNIO

E agora recomeçamos a peregrinação!

Vamos para Norte, para as bandas dos cisnes e da neve. Sobre a planície branca, os hipópodes cegos partem com a ponta dos pés a planta de além-mar.

DAMIS

Vem! É a aurora. O galo cantou, o cavalo relinchou, a vela está preparada.

ANTÃO

O galo não cantou! Ouço os grilos nas areias e vejo a lua, que permanece no seu lugar.

APOLÓNIO

Vamos para Sul, para lá das montanhas e das grandes vagas, procurar nos perfumes a razão do amor. Sorverás o olor da árvore da mirra que traz a morte aos fracos. Banharás o teu corpo no lago de óleo cor de rosa da ilha Junónia. Verás, dormindo sobre as margaridas, o lagarto que só acorda uma vez em cada século, quando, de maduro, cai o rubi que ostenta na sua fronte. As estrelas palpitam como olhos, as cascatas cantam como liras, essências intoxicantes exalam das flores que eclodem; o teu espírito ampliar-se-á entre os ares, e tanto no teu coração como no teu rosto.

DAMIS

Mestre, é tempo! O vento está prestes a levantar-se, as andorinhas despertam, a folha do mirto já voou!

APOLÓNIO

Sim, partamos!

ANTÃO

Não! Eu fico!

APOLÓNIO

Queres que te ensine onde cresce a planta de Balis, que ressuscita os mortos?

DAMIS

Pergunta-lhe antes pelo androdamas que atrai a prata, o ferro e o bronze!

ANTÃO

Oh, como sofro! Como sofro!

DAMIS

Compreenderás a voz de todos os seres, os rugidos, os arrulhos!

APOLÓNIO

Farei com que montes licornes, dragões, hipocentauros e delfins!

ANTÃO

chora.

Oh! Oh! Oh!

APOLÓNIO

Conhecerás os demónios que habitam as cavernas, os que falam pelos bosques, os que agitam as ondas, os que empurram as nuvens.

DAMIS

Aperta o cinto! Amarra as sandálias!

APOLÓNIO

Explicar-te-ei a razão das formas divinas, porque é que Apolo está de pé, Júpiter sentado, porque é que Vénus é negra em Corinto, quadrada em Atenas, cónica em Pafos.

ANTÃO

juntando as mãos:

Deixem-nos ir! Deixem-nos ir!

APOLÓNIO

Arrancarei diante de ti a armadura dos deuses, forçaremos os santuários, far-te-ei violar a Pitonisa!

ANTÃO

Socorro, Senhor!

Precipita-se para a cruz.

APOLÓNIO

Qual é o teu desejo? O teu sonho? Basta pensares nisso...

ANTÃO

Jesus, Jesus, ajuda-me!

APOLÓNIO

Queres que o faça aparecer, Jesus?

ANTÃO

O quê? Como?

APOLÓNIO

Será ele! Não outro! Ele deitará fora a sua coroa, e falaremos, cara a cara!

DAMIS

em voz baixa:

Diz que queres! Diz que queres!

Antão, aos pés da cruz, murmura orações. Damis anda à sua volta, com gestos aduladores.

Vamos lá, bom eremita, caro Santo Antão! Homem puro, homem ilustre! Homem nunca suficientemente louvado! Não temais; é uma forma exagerada de falar, aprendida com os orientais. Isto não obsta de todo a que...

APOLÓNIO

Deixa-o estar, Damis!

Ele acredita, como um bruto, na realidade das coisas. O terror que ele tem dos Deuses impede-o de os compreender; e rebaixa-se ao nível de um rei ciumento!

Tu, meu filho, não me deixes!

Abeira-se, às arrecuas, da orla da falésia, ultrapassa essa orla e permanece suspenso.

Acima de todas as formas, para lá da terra, para lá dos céus, reside o mundo das Ideias, todo cheio do Verbo! Com um salto, transporemos o outro espaço; e apreenderás na sua infinidade o Eterno, o Absoluto, o Ser! — Vamos! Dá-me a mão! A caminho!

Os dois, lado a lado, elevam-se no ar, suavemente.
Antão, abraçado à cruz, vê-os subir.
Até desaparecerem.

V

ANTÃO

caminhando devagar:

Isto valeu por todo o Inferno!

Nabucodonosor não me deslumbrou tanto. A Rainha de Sabá não me encantou tão profundamente.

A sua forma de falar sobre os deuses inspira o desejo de os conhecer.

Lembro-me de ter visto centenas deles ao mesmo tempo, na ilha Elefantina, no tempo de Diocleciano. O Imperador havia cedido aos nómadas uma vasta região, na condição de que defendessem as fronteiras; e o tratado foi firmado em nome de «Poderes invisíveis». Pois cada um dos povos não reconhecia os deuses do outro.

Os bárbaros haviam trazido os seus. Ocuparam as colinas de areia que bordejam o rio. Podiam ser vistos a segurar os seus ídolos nos braços, como grandes crianças paralíticas; ou então a navegar por entre as cataratas, sobre troncos de palmeira, mostrando de longe os amuletos que traziam ao pescoço, as tatuagens que tinham no peito —; e nada disso é mais criminoso do que a religião dos Gregos, dos Asiáticos e dos Romanos!

Quando eu habitava o templo de Heliópolis, observava frequentemente tudo o que ali existe ao longo das paredes: abutres empunhando cetros, crocodilos dedilhando liras, figuras de homens com corpos de serpente, mulheres com cabeças de vaca prostradas diante de deuses itifálicos; e as suas formas sobrenaturais arrastavam-me para outros mundos. Tinha curiosidade em saber o que contemplavam aqueles olhos tranquilos.

Para que a matéria tenha tal poder, é preciso que ela contenha um espírito. A alma dos deuses está ligada às suas imagens...

Aqueles que têm a beleza das aparências podem seduzir. Mas os outros... que são abjetos ou terríveis, como acreditar neles?...

E Antão vê passar, rente ao chão, folhas, pedras, conchas, ramos de árvores, vagas representações de animais, de seguida, espécies de anões hidrópicos; são deuses. Desata a rir.

Nas suas costas, ouve-se outra gargalhada; e Hilarião surge — vestido de eremita, muito maior do que ainda há pouco, colossal.

ANTÃO

não se surpreende ao vê-lo novamente.

Quão estúpido é preciso ser para adorar isto!

HILARIÃO

Oh, sim, extremamente estúpido!

Desfilam agora diante deles ídolos de todas as nações e de todas as épocas, de madeira, de metal, de granito, de plumas, de peles costuradas.

Os mais antigos, anteriores ao Dilúvio, desaparecem sob sargaços que se multiplicam como crinas. Alguns deles, demasiado compridos para as bases que os sustentam, racham-se nas juntas e partem os rins ao caminharem.

A outros, escorre-lhes areia pelos orifícios das barrigas.

Antão e Hilarião divertem-se enormemente. Já lhes doem as costas de tanto rir.

Depois, passam os ídolos com perfil de carneiro. Cambaleiam sobre as pernas zambras, entreabrem as pálpebras e tartamudeiam como mudos: «Méee! Méee! Méee!»

À medida que se aproximam do tipo humano, mais irritam Antão. Antão atira-se a eles, ao murro e ao pontapé.

Tornam-se medonhos — com grandes penachos, olhos encolerizados, braços que terminam em garras, mandíbulas de tubarão.

E, diante desses deuses, são degolados homens em altares de pedra; outros são triturados em cubas, esmagados debaixo de carroças, pregados em árvores. Há um, todo ele forjado em ferro em brasa e com cornos de touro, que devora crianças.

ANTÃO

Horror!

HILARIÃO

Mas os deuses reclamam sempre suplícios. Até o teu o quis...

ANTÃO

chorando:

Oh, não digas mais nada, cala-te!

O recinto rochoso transforma-se num vale. Uma manada de bois pasta aí a erva rasa.

O pastor que os conduz observa uma nuvem —; e atira ao ar, com uma voz aguda, palavras imperativas.

HILARIÃO

Como ele necessita de chuva, procura, por intermédio de cânticos, constranger o rei do céu a abrir uma nuvem fecunda.

ANTÃO

rindo:

Aí está um orgulho bem simplório!

HILARIÃO

Porque é que fazes exorcismos?

O vale transforma-se num mar de leite, imóvel e sem limites.

No meio, flutua um grande berço, constituído pelos anéis de uma serpente, cujas várias cabeças se inclinam todas ao mesmo tempo, sombreando um deus adormecido sobre o seu corpo.

É um jovem deus, imberbe, mais belo do que uma rapariga, e coberto por véus diáfanos. As pérolas da sua tiara brilham suavemente como luas, um rosário de estrelas dá-lhe várias voltas ao peito —; e com uma mão sob a cabeça, o outro braço estendido, ele repousa com um ar sonhador e inebriado.

Uma mulher, agachada aos seus pés, espera que ele acorde.

HILARIÃO

É a dualidade primordial dos Brâmanes — o Absoluto não se exprime através de nenhuma forma.

Sobre o umbigo do Deus, um caule de lótus cresceu; e, no seu cálice, aparece outro Deus de três caras.

ANTÃO

Olha que imaginação!

HILARIÃO

Pai, Filho e Espírito Santo também não fazem senão uma única pessoa!

As três cabeças afastam-se, e três grandes deuses aparecem.

O primeiro, que é cor de rosa, morde a ponta do dedo grande do pé.

O segundo, que é azul, agita quatro braços.

O terceiro, que é verde, usa um colar de crânios humanos.

Diante deles, surgem imediatamente três deusas, uma envolta numa rede, outra oferecendo uma taça, a última brandindo um arco.

E esses deuses e deusas decuplicam-se, multiplicam-se. Nos seus ombros, crescem braços, na extremidade dos braços, mãos empunhando estandartes, machados, escudos, espadas, guarda-sóis e tambores. Fontes brotam das suas cabeças, ervas saem das suas narinas.

Montados em pássaros, baloiçando em palanquins, entronizados em assentos de ouro, de pé em nichos de marfim, eles refletem, viajam, comandam, bebem vinho, respiram flores. Bailarinos rodopiam, gigantes perseguem monstros; à entrada das grutas, solitários meditam. As pupilas não se diferenciam das estrelas, as nuvens das bandeirolas; pavões dessedentam-se em regatos de ouro em pó, os bordados dos pavilhões mesclam-se com as manchas dos leopardos, raios coloridos entrecruzam-se no ar azul, com flechas que voam e incensórios que balançam.

E tudo isto se desenrola como um imenso friso — com a sua base apoiada sobre os rochedos, e subindo até ao céu.

ANTÃO

deslumbrado:

Que quantidade! O que é que eles querem?

HILARIÃO

Aquele que coça o abdómen com a sua tromba de elefante é o Deus solar, o inspirador da sabedoria.

Aquele outro, cujas seis cabeças têm torres, e os catorze braços, dardos, é o príncipe dos exércitos, o Fogo-devorador.

O ancião que cavalga um crocodilo vai lavar à beira-mar as almas dos mortos. Elas serão atormentadas por aquela mulher negra com os dentes podres, dominadora dos infernos.

A carruagem puxada por cavalos vermelhos, conduzida por um cocheiro que não tem pernas, passeia pelo céu o senhor do Sol. O Deus-lua acompanha-o, numa liteira atrelada a três gazelas.

De joelhos, às costas de um papagaio, a deusa da Beleza oferece ao Amor, seu filho, a mama redonda. Ei-la já mais longe, pulando de alegria nos prados. Olha, olha! Com um penteado em forma de uma mitra deslumbrante, ela corre pelas searas, sobre as vagas, sobe no ar, espalha-se por todo o lado!

Entre esses deuses, tomam assento os Génios dos ventos, dos planetas, dos meses, dos dias, e cem mil outros!, e os seus aspetos são múltiplos, rápidas as suas transformações. Ali está um que de peixe passa a tartaruga; assume a cabeça de um javali, a estatura de um anão.

ANTÃO

Para quê?

HILARIÃO

Para restabelecer o equilíbrio, para combater o mal. Mas a vida esgota-se, as formas gastam-se; e é-lhes preciso progredir através de metamorfoses.

De repente aparece

UM HOMEM NU

sentado no meio da areia, de pernas cruzadas.

Um grande halo vibra, suspenso atrás dele. Os pequenos caracóis dos seus cabelos pretos, com reflexos azuis, contornam simetricamente uma protuberância na parte superior do crânio. Os braços, muito compridos, descaem a direito ao longo dos flancos. As suas duas mãos, de palmas abertas, repousam, horizontalmente, sobre as coxas. As solas dos pés oferecem a imagem de dois sóis; e ele permanece completamente imóvel — em frente a Antão e a Hilarião —, com todos os Deuses à sua volta, escalonados sobre os rochedos como nas bancadas de um circo.

Os seus lábios entreabrem-se; e com uma voz profunda:

Eu sou o senhor da grande esmola, o socorro das criaturas, e tanto aos crentes como aos profanos exponho a lei.

Para libertar o mundo, quis nascer entre os homens. Os deuses choravam quando parti.

Primeiro, procurei uma mulher adequada: de raça militar, esposa de um rei, cheia de bondade, extremamente bela, fecunda, o corpo firme como o diamante; e por alturas da lua cheia, sem o auxílio de nenhum varão, entrei no seu ventre.

Saí de lá pelo flanco direito. As estrelas detiveram-se.

HILARIÃO

murmura entre dentes:

«E quando viram a estrela deter-se, sentiram uma grande alegria!»

Antão observa mais atentamente

O BUDA

que retoma:

Das profundezas dos Himalaias, um religioso centenário acorreu para me ver.

HILARIÃO

«Um homem chamado Simeão, que não podia morrer antes de ter visto o Cristo!»

O BUDA

Fui levado às escolas. Eu sabia mais do que os doutores.

HILARIÃO

«... No meio dos doutores; e todos aqueles que o escutavam ficavam maravilhados com a sua sabedoria.»

Antão faz sinal a Hilarião para que se cale.

O BUDA

Permanecia continuamente nos jardins, a meditar. As sombras das árvores moviam-se; mas não a sombra daquela que me abrigava.

Ninguém podia igualar-me no conhecimento das Escrituras, na enumeração dos átomos, na condução dos elefantes, nos trabalhos em cera, na astronomia, na poesia, no pugilato, em todos os exercícios e em todas as artes!

Submetendo-me aos costumes, tomei para mim uma esposa —; e passava os dias no meu palácio de rei, vestido de pérolas, sob a aspersão de perfumes, refrescado pelo abanar dos enxota-moscas de trinta e três mil mulheres, observando os meus povos do alto dos meus terraços, ornados de sinetas ressonantes.

Mas a visão das misérias do mundo alheava-me dos prazeres. Fugi.

Mendiguei pelos caminhos, coberto de andrajos recolhidos nos sepulcros; e como havia aí um eremita muito sábio, quis tornar-me seu escravo; guardava a sua porta, lavava os seus pés.

Toda a sensação foi aniquilada, toda a alegria, todo o langor.

Depois, concentrando o meu pensamento numa meditação mais ampla, conheci a essência das coisas, a ilusão das formas.

Esgotei rapidamente a ciência dos Brâmanes. Sob a sua aparência austera, eles são corroídos por desejos intensos; ainda que se esfreguem com imundícies; que durmam sobre espinhos, cuidando alcançar a felicidade pela via da morte!

HILARIÃO

«Fariseus, hipócritas, sepulcros caiados, raça de víboras!»

O BUDA

Também eu fiz coisas espantosas — comendo por dia um único grão de arroz, e, naqueles tempos, os grãos de arroz não eram maiores do que são hoje — os meus pelos caíram, o meu corpo tornou-se negro; os meus olhos encovados nas órbitas pareciam estrelas vagamente entrevistas no fundo de um poço.

Durante seis anos, permaneci imóvel, exposto às moscas, aos leões e às serpentes; e aos inclementes sóis, às grandes chuvadas, à neve, ao relâmpago, ao granizo e à tempestade; tudo isso eu recebia sem mesmo me proteger com a mão.

Os viajantes que passavam, acreditando-me morto, atiravam-me de longe torrões de terra!

Faltava-me a tentação do Diabo.

Chamei por ele.

Vieram os seus filhos — hediondos, cobertos de escamas, nauseabundos como valas comuns, uivando, silvando, bramindo, entrechocando armaduras e ossos de mortos. Alguns deles expelem chamas pelas narinas, outros escurecem tudo com as suas asas, outros, ainda, trazem rosários feitos de dedos decepados, já outros bebem veneno de serpente na concha das mãos; têm cabeças de porco, de rinoceronte ou de sapo, toda a espécie de figuras inspirando a repugnância ou o terror.

ANTÃO

aparte:

Também eu suportei isso, outrora!

O BUDA

Depois, enviou-me as suas filhas — belas, bem maquilhadas, com cintos de ouro, dentes brancos como o jasmim, coxas redondas como a tromba do elefante.

Algumas delas, para mostrarem a covinha dos seus cotovelos, esticam os braços, bocejando; outras piscam os olhos, outras, ainda, desatam a rir, já outras entreabrem as suas vestes. Há virgens ruborizadas, matronas cheias de orgulho, rainhas com um grande séquito de bagagens e de escravos.

ANTÃO

aparte:

Ah, também ele?

O BUDA

Tendo vencido o demónio, passei doze anos a alimentar-me exclusivamente de perfumes —; e como eu tinha adquirido as cinco virtudes, as cinco faculdades, as dez forças, as dezoito substâncias, e penetrado nas quatro esferas do mundo invisível, a Inteligência chegou a mim! Tornei-me o Buda!

Todos os Deuses se inclinam; aqueles que têm várias cabeças baixam-nas todas ao mesmo tempo.
Ergue no ar a mão dominadora e prossegue:

Tendo em vista a libertação dos seres, fiz centenas de milhares de sacrifícios! Dei aos pobres túnicas de seda, leitos, carruagens, casas, pilhas de ouro e de diamantes. Dei as minhas mãos aos manetas, as minhas pernas aos coxos, as minhas pupilas aos cegos; cortei a minha cabeça para os decapitados. Quando era rei, distribuía províncias; quando era brâmane, não desprezava ninguém. Quando era um solitário, dirigi palavras ternas ao ladrão que me degolou. Quando era um tigre, deixei-me morrer de fome.

E nesta última existência, tendo pregado a lei, nada mais tenho a fazer. O grande período cumpriu-se! Os homens, os animais, os deuses, os bambus, os oceanos, as montanhas, os grãos de areia do Ganges e as miríades de miríades de estrelas, tudo isso morrerá —; e, até que tudo renasça, uma chama dançará sobre as ruínas dos mundos destruídos!

Uma vertigem toma então conta dos deuses. Eles cambaleiam, caem em convulsões e vomitam as suas existências. As suas coroas estalam, os seus estandartes voam pelos ares. Arrancam os seus atributos, os seus sexos, atiram para trás das costas as taças por onde bebiam a imortalidade, estrangulam-se com as suas serpentes, desvanecem-se em fumo —; e quando tudo desapareceu...

HILARIÃO

lentamente:

Acabas de ver a crença de várias centenas de milhões de homens!

Antão está por terra, o rosto entre as mãos. De pé, a seu lado, e virando as costas à cruz, Hilarião olha para ele.

Passa bastante tempo.

Em seguida, aparece um ser singular, com uma cabeça de homem sobre o corpo de peixe. Projeta-se direito no ar, batendo na areia com a sua cauda —; e aquela figura de patriarca, com braços minúsculos, faz Antão rir.

OANNES

com uma voz lamurienta:

Respeitem-me! Eu sou o contemporâneo das origens.

Habitei o mundo informe onde dormitavam bestas hermafroditas, sob o peso de uma atmosfera opaca, nas profundezas de tenebrosas ondas — quando os dedos, as barbatanas e as asas ainda se confundiam, e olhos soltos, sem as cabeças, flutuavam como moluscos entre touros de rosto humano e serpentes com patas de cão.

Sobre o conjunto desses seres, Omoroca, curvada como um arco, estendia o seu corpo de mulher. Mas Belus cortou-a acuradamente em duas metades, com uma fez a terra, com a outra o céu; e os dois mundos semelhantes contemplam-se mutuamente.

Eu, a primeira consciência do Caos, ergui-me do abismo para endurecer a matéria, para regular as formas; e ensinei aos humanos a pesca, a sementeira, a escrita e a história dos deuses.

Desde então, tenho vivido nos pântanos que sobram do Dilúvio. Mas o deserto cresce à sua volta, o vento lança areia sobre eles, o sol devora-os —; e eu morro na minha cama de lodo, olhando as estrelas através da água. Volto para lá.

Salta, e desaparece no Nilo.

HILARIÃO

É um antigo Deus dos Caldeus!

ANTÃO

ironicamente:

Quem eram então os da Babilónia?

HILARIÃO

Podes vê-los!

Encontram-se sobre a plataforma de uma torre quadrangular sobranceira a seis outras torres que, estreitando-se à medida que mais se elevam, formam uma monstruosa pirâmide. Divisa-se em baixo uma grande massa negra — a cidade, sem dúvida — espalhada pelas planícies. O ar é frio, o céu, de um azul escuro; uma grande quantidade de estrelas palpita.

No centro da plataforma, ergue-se uma coluna de pedra branca. Sacerdotes em túnicas de linho andam em seu redor, de modo a descreverem com os seus passos um círculo em movimento; e, de cabeça levantada, contemplam os astros.

HILARIÃO

indicando vários deles a Santo Antão.

Estão ali trinta dos principais. Quinze olham o que está acima da terra, quinze o que está abaixo. A intervalos regulares, um deles lança-se das regiões superiores para as de baixo, enquanto outro abandona as inferiores para ascender às sublimes.

Dos sete planetas, dois são benéficos, dois malignos, três ambíguos; tudo depende, no mundo, desses fogos eternos. A partir da sua posição e do seu movimento, podem-se retirar presságios —; estás a pisar o lugar mais respeitável da terra. Pitágoras e Zoroastro encontraram-se aqui. Há doze mil anos que estes homens observam o céu, para melhor conhecerem os deuses.

ANTÃO

Os astros não são deuses.

HILARIÃO

Sim, dizem eles; porque em volta de nós as coisas passam; o céu, como a eternidade, permanece imutável!

ANTÃO

Há um mestre, portanto.

HILARIÃO

apontando para a coluna:

Aquele ali, Belus, o primeiro clarão, o Sol, o Varão! — A outra, que ele fecunda, está debaixo dele!

Antão vê um jardim iluminado por lâmpadas.

Encontra-se agora no meio da multidão, numa avenida de ciprestes. À direita e à esquerda, pequenos caminhos levam a cabanas instaladas num bosque de romãzeiras, protegidas por cercas de canas.

Os homens, na sua maioria, têm chapéus pontiagudos e envergam túnicas coloridas como a plumagem dos pavões. Há gentes do norte vestidas com peles de urso, nómadas com mantos de lã castanha, pálidos Gangáridas de longos brincos; e as classes sociais, como as nações, parecem confundir-se, porque marinheiros e afeiçoadores de pedra se acotovelam, lado a lado, com príncipes envergando tiaras de rubis e compridas bengalas com castões cinzelados. Caminham todos dilatando as narinas, absorvidos no mesmo desejo.

De quando em quando, afastam-se para dar passagem a uma longa carroça coberta, puxada por bois; ou então a um asno, sacudindo sobre o seu dorso uma mulher embrulhada em véus, e que também desaparece na direção das cabanas.

Antão tem medo; gostaria de voltar para trás. No entanto, uma curiosidade inexprimível arrasta-o.

Ao pé dos ciprestes, há mulheres acocoradas em fila sobre peles de cervos, tendo todas por diadema uma trança de corda. Algumas, magnificamente vestidas, chamam, em voz alta, aqueles que passam. As mais tímidas escondem os rostos sob os seus braços, enquanto por trás, uma matrona, sem dúvida a sua mãe, exorta-as. Outras, a cabeça envolta num xaile preto e o corpo inteiramente nu, parecem, ao longe, estátuas de carne. Assim que um homem lhes atira dinheiro para o colo, elas levantam-se.

E ouvem-se beijos sob a folhagem — por vezes um grito alto e agudo.

HILARIÃO

São as virgens da Babilónia que se prostituem à Deusa.

ANTÃO

Qual deusa?

HILARIÃO

Ei-la!

E fá-lo ver, ao fundo da avenida, no limiar de uma gruta iluminada, um bloco de pedra que representa o órgão sexual de uma mulher.

ANTÃO

Ignomínia! Que abominação atribuir um sexo a Deus!

HILARIÃO

Estás a imaginá-lo como uma pessoa viva!

Antão encontra-se no meio das trevas.

Avista, no ar, um círculo luminoso, pousado em asas horizontais.

Essa espécie de elo rodeia, como um cinto demasiado lasso, a cintura de um pequeno homem, com um penteado em forma de mitra e uma coroa na mão, e toda a parte inferior do seu corpo desaparece sob grandes plumas, que se desenrolam como um saiote.

É

ORMUZ

o deus dos Persas.

Ele volteia, gritando:

Tenho medo! Entrevejo a sua goela.

Eu tinha-te vencido, Arimã! Mas tu voltaste à carga!

Primeiro, revoltando-te contra mim, mataste o primogénito das criaturas, Kaiomortz, o homem-Touro. Depois, seduziste o primeiro casal humano, Meschia e Meschiané; e espalhaste as trevas nos corações, empurraste de encontro ao céu os teus batalhões.

Eu tinha os meus, o povo das estrelas; e contemplava por baixo do meu trono todos os astros escalonados.

Mitra, o meu filho, habitava um lugar inacessível. Aí recebia as almas, deixando-as depois partir, e levantava-se todas as manhãs para espalhar a sua riqueza.

O esplendor do firmamento era refletido pela terra. O fogo brilhava sobre as montanhas — imagem do outro fogo a partir do qual eu criara todos os seres. Para o preservar da mácula, os mortos não eram queimados. Os bicos dos pássaros levavam-nos para o céu.

Tinha regulado os pastos, a lavoura, a madeira para o sacrifício, a forma das taças, as palavras que devem ser proferidas na insónia —; e os meus sacerdotes estavam continuamente em oração, para que a homenagem tivesse a eternidade do Deus. Purificávamo-nos com água, oferecíamos pão nos altares, os crimes eram confessados em voz alta.

Homa deu-se a beber aos homens, para lhes comunicar a sua força.

Enquanto os génios do céu combatiam os demónios, os filhos de Irã perseguiam as serpentes. O Rei, a quem uma imensurável corte servia de joelhos, representava a minha pessoa, usava o meu penteado. Os seus jardins tinham a magnificência de uma terra celeste; e o seu túmulo figurava-o degolando um monstro — emblema do Bem que extermina o Mal.

Pois eu deveria um dia, graças ao tempo sem limites, vencer definitivamente Arimã.

Mas o intervalo entre nós dois desaparece; a noite cresce! A mim, os Amesa Espentas, os Izeds, os Ferouers! Socorro, Mitra! Pega na tua espada! Caosiac, que hás de regressar para a libertação universal, defende-me! Como?... Ninguém!

Ah, morro! Arimã, tu és o mestre!

Hilarião, atrás de Antão, sustém um grito de alegria — e Ormuz mergulha nas trevas.

Então aparece

A GRANDE DIANA DE ÉFESO

negra, de olhos de esmalte, os cotovelos colados aos flancos, os antebraços afastados, as mãos abertas.

Leões rompantes sobre os seus ombros; frutas, flores e estrelas entrecruzam-se no seu peito; mais abaixo, estendem-se três fileiras de mamas; e desde o ventre até aos pés, ela encontra-se cingida por uma cinta muito justa de onde se destacam metades de touros, de cervos, de grifos e de abelhas. — Tudo isto é percetível sob o pálido clarão produzido por um disco de prata, redondo como uma lua cheia, pousado na parte de trás da sua cabeça.

Onde está o meu templo?
Onde estão as minhas amazonas?
Que tenho eu... eu, a incorruptível? Eis que desfaleço!

As suas flores murcham. Os seus frutos, demasiado maduros, desprendem-se e caem. Os leões, os touros dobram o pescoço; os cervos espumam, extenuados; as abelhas, zumbindo, morrem pelo chão.

Ela espreme, uma a uma, as mamas. Estão todas vazias! Mas, através de um esforço desesperado, a sua cinta rebenta. Ela agarra-a pelo fundo, como à aba de uma túnica, põe aí os seus animais, as suas florações — depois entra na escuridão.

E, ao longe, as vozes murmuram, rosnam, rugem, bramem e mugem. A densidade da noite é aumentada pelas respirações. As gotas de uma chuva quente caem.

ANTÃO

Como é bom, o perfume das palmeiras, o restolhar das folhas verdes, a transparência das nascentes! Gostaria de me deitar ao comprido sobre a terra para a sentir contra o meu coração; e a minha vida retemperar-se-ia na sua eterna juventude!

Ouve um barulho de castanholas e de címbalos —; e, no meio de uma multidão rústica, homens, vestidos de túnicas brancas com riscas vermelhas, conduzem um asno, ricamente ajaezado, a cauda ornada de fitas, os cascos pintados.

Uma caixa, coberta por um xairel de tecido amarelo, bamboleia-lhe sobre o dorso, entre dois cestos; um acolhe as oferendas que aí são colocadas: ovos, cachos de uvas, peras e queijos, aves de capoeira e moedas de pouco valor; e o segundo está cheio de rosas, que os condutores do asno desfolham à sua frente, enquanto caminham.

Os homens usam brincos, grandes mantos, cabelos entrançados, as faces maquilhadas; uma coroa de oliveira fixa-se à sua fronte através de um medalhão com uma figura; punhais estão presos aos cintos; e eles agitam chicotes com punhos de ébano, tendo três azorragues guarnecidos de ossículos.

Os últimos do cortejo pousam no solo, a direito como um candelabro, um grande pinheiro que arde no topo e cujos ramos mais baixos dão sombra a um pequeno carneiro.

O asno deteve-se. O xairel é retirado. Há, por baixo, uma segunda capa de feltro negro. Então, um dos homens, de túnica branca, põe-se a dançar, tocando crótalos; outro, ajoelhado diante da caixa, bate no tamborim, e

O MAIS VELHO DA TRUPE

começa:

Eis a Boa-Deusa, a geradora das montanhas, a grande mãe da Síria!

Aproximai-vos, gentes simples!

Ela traz alegria, cura os doentes, entrega heranças e contenta os apaixonados.

Somos nós que a passeamos pelos campos quer chova quer faça sol.

Muitas vezes dormimos ao ar livre, e não é todos os dias que temos uma mesa bem composta. Ladrões habitam os bosques. Feras arremetem dos seus covis. Caminhos escorregadios bordejam os precipícios. Ei-la! Ei-la!

Eles retiram a cobertura; e vê-se uma caixa, incrustada com pequenas pedras preciosas.

Mais alta do que os cedros, ela paira no éter azul. Mais vasta do que o vento, ela envolve o mundo. A sua respiração exala das narinas dos tigres; a sua voz ribomba debaixo dos vulcões, a sua cólera é a tempestade; a palidez do seu rosto emprestou à lua a sua brancura.

Ela amadurece as colheitas, engrossa a corcha, faz crescer a pragana. Dai-lhe alguma coisa, pois ela detesta os avarentos!

A caixa entreabre-se; e distingue-se, sob um pavilhão de seda azul, uma pequena imagem de Cibele — resplandecendo de lantejoulas, coroada de torres e sentada numa minúscula biga de pedra vermelha, puxada por dois leões com as patas levantadas.

A multidão empurra-se para ver.

O ARQUIGALO

prossegue:

Ela adora a repercussão dos timbales, o tripúdio dos pés, o uivo dos lobos, as montanhas sonoras e os desfiladeiros profundos, a flor da amendoeira, a romã e os figos verdes, as voltas de uma dança, o ressoar das flautas, a seiva adocicada, a lágrima salgada — o sangue! A ti! A ti! Mãe das montanhas!

Eles flagelam-se com os chicotes, e os golpes ressoam-lhes no peito; a pele dos tamborins vibra até quase rebentar. Pegam nas suas facas, cortam-se nos braços.

Ela está triste; entristeçamo-nos! É para lhe agradar que é preciso sofrer! Através dessa ação, os vossos pecados ser-vos-ão redimidos. O sangue lava tudo; atirai-lhe as gotas do vosso sangue, como se fossem flores! Ela exigirá o de outro... de um puro!

O arquigalo ergue a faca sobre o carneiro.

ANTÃO

tomado pelo horror:

Não degoleis o cordeiro!

Uma torrente púrpura jorra.

O sacerdote asperge a multidão; e todos — incluindo Antão e Hilarião — dispostos em redor da árvore que arde, observam silenciosamente as últimas palpitações da vítima.

Do meio dos sacerdotes emerge Uma Mulher —, exatamente igual à imagem encerrada na pequena caixa.

Ela detém-se ao aperceber-se de Um Jovem coberto por um barrete frígio.

Ele usa calças justas nas coxas, abertas, aqui e ali, em losangos regulares rematados por nós coloridos. Apoia-se com o cotovelo a um dos ramos da árvore, segurando uma flauta na mão, numa pose lânguida.

CIBELE

rodeando a cintura do jovem com ambos os braços:

Para me juntar a ti, percorri todas as regiões — e a fome assolava os campos. Tu enganaste-me! Não importa, eu amo--te! Aquece o meu corpo! Unamo-nos!

ÁTIS

A primavera não voltará, ó Mãe eterna! Apesar do meu amor, não me é possível penetrar na tua essência. Gostaria de me cobrir com uma túnica pintada, como a tua. Invejo os teus seios inchados de leite, o comprimento dos teus cabelos, os teus vastos flancos de onde saem os seres. Oh, não poder ser tu! Oh, não poder ser mulher! Não, jamais! Vai-te embora! A minha virilidade horroriza-me!

Com uma pedra afiada emascula-se, depois desata a correr furiosamente, erguendo no ar o seu membro cortado.

Os sacerdotes fazem como o deus, os fiéis como os sacerdotes. Homens e mulheres trocam as suas roupas, abraçam-se —; e esse turbilhão de carnes ensanguentadas afasta-se, enquanto as vozes, sempre audíveis, se tornam mais agudas e estridentes, como as que se ouvem nos funerais.

Um grande catafalco, forrado de púrpura, tem no seu topo um leito de ébano, rodeado de archotes e de cestos de filigrana de prata, onde verdejam alfaces, malva e funcho. Nos degraus das bancadas, de alto a baixo, há mulheres sentadas, todas vestidas de preto, as faixas da cintura desapertadas, os pés nus, segurando com um ar melancólico grandes ramalhetes de flores.

Por terra, nos cantos do estrado, urnas de alabastro, cheias de mirra, fumegam, lentamente.

Avista-se sobre o leito o cadáver de um homem. Sangue escorre da sua coxa. Tem um braço ao pendurão —; e um cão, uivando, lambe as suas unhas.

A linha dos archotes, muito juntos, impede que se veja o seu rosto; e Antão é tomado por uma enorme angústia. Tem medo de reconhecer no cadáver alguém.

Os soluços das mulheres param; e após um intervalo de silêncio,

TODAS

salmodiando a uma única voz:

Belo, belo, ele é belo! Chega de dormir, ergue a cabeça! De pé!

Respira os nossos ramalhetes! São narcisos e anémonas, colhidos nos teus jardins para te agradar. Reanima-te, estás a assustar-nos!

Fala! De que é que precisas? Queres beber vinho? Queres dormir nos nossos leitos? Queres comer pães de mel que têm a forma de pequenos pássaros?

Apertemos as suas ancas, beijemos o seu peito! Olha! Olha! Sente-los, os nossos dedos carregados de anéis que percorrem o teu corpo, e os nossos lábios que procuram a tua boca, e os nossos cabelos que varrem as tuas coxas, Deus pasmado, surdo às nossas orações?!

Soltam gritos, rasgando o rosto com as unhas, depois calam-se —; só o uivo do cão é ainda audível.

Ó desgraça! Ó desgraça! O sangue negro corre sobre a sua carne muito branca! Eis os seus joelhos dobrados; as suas costelas cedem. As flores do seu rosto embebem-se na púrpura. Ele morreu! Choremos! Contristemo-nos!

Elas vêm, todas em fila, depositar entre os archotes as suas longas cabeleiras, que, ao longe, se assemelham a serpentes negras ou louras —; e o catafalco abate-se suavemente até ao nível de uma gruta, um sepulcro tenebroso que, por trás, se entreabre.

Então,

UMA MULHER

inclina-se sobre o cadáver.

O seu cabelo, que ela jamais cortou, envolve-a da cabeça aos pés. Ela derrama tantas lágrimas que a sua dor não deve ser como a das outras, mas mais do que humana, infinita.

Antão pensa na mãe de Jesus.

A mulher diz:

Fugias do Oriente; e tomavas-me nos braços, todo fremente de orvalho, ó Sol! As pombas adejavam sobre o azul do teu manto, os nossos beijos geravam brisas na folhagem; e eu abandonava-me ao teu amor, gozando do prazer da minha fraqueza.

Ai de mim! Ai de mim! Porque correrias tu sobre as montanhas?

No equinócio de outono, foste ferido por um javali!

Tu estás morto; e as fontes choram, as árvores dobram-se. O vento de inverno assobia no matagal nu.

Os meus olhos cerrar-se-ão, visto que as trevas te cobrem. Habitas agora o outro lado do mundo, ao lado da minha mais poderosa rival.

Ó Perséfone, tudo o que é belo baixa a ti e não mais regressa!

Enquanto ela falava, os seus companheiros levaram o morto para o descerem ao sepulcro. Têm-no nas mãos. Não passa de um cadáver de cera.

Antão sente uma sensação de alívio.

Tudo se desvanece —; e a cabana, os rochedos, a cruz, reaparecem.

Ele avista, porém, do outro lado do Nilo, Uma Mulher — de pé, no meio do deserto.

Segura na mão a parte inferior de um longo véu preto que lhe esconde a face, carregando no braço esquerdo uma pequena criança que ela amamenta. Ao seu lado, um grande macaco está acocorado sobre a areia.

Ela levanta a cabeça em direção ao céu — e, apesar da distância, ouve-se a sua voz.

ÍSIS

Ó Neite, princípio das coisas! Ámon, senhor da eternidade, Ptá, demiurgo, Tote, a sua inteligência, deus do Amenti, tríades particulares dos Nomos, gaviões no azul, esfinges à beira dos templos, íbis de pé entre os cornos dos bois, planetas, constelações, margens, murmúrios do vento, reflexos da luz, ensina-me onde se encontra Osíris!

Procurei-o por todos os canais e em todos os lagos — e mais longe ainda, até Biblos, a fenícia. Anúbis, com as orelhas levantadas, pulava à minha volta, ladrando e focinhando a ramagem dos tamarindos. Obrigada, bom Cinocéfalo, obrigada!

Dá ao macaco duas ou três pancadinhas carinhosas na cabeça.

O hediondo Tifão de cabelo ruivo havia-o matado, desfeito em pedaços! Encontrámos todos os seus membros. Mas não tenho aquele que me tornava fecunda!

Solta agudos lamentos.

ANTÃO

é tomado pelo furor. Atira-lhe pedras, injuriando-a.

Impudica! Vai-te, vai-te!

HILARIÃO

Respeita-a! Era a religião dos teus antepassados! Carregastes os seus amuletos no teu berço.

ÍSIS

Antigamente, quando chegava o verão, as cheias empurravam para o deserto as bestas impuras. Os diques abriam-se, os barcos chocavam uns com os outros, a terra, ofegante, bebia o rio com sofreguidão. Deus com cornos de touro, estendias-te sobre o meu peito — e podíamos ouvir o mugido da vaca eterna!

As sementeiras, as colheitas, a debulha do grão e as vindimas sucediam-se regularmente, de acordo com a alternância das estações. Nas noites sempre límpidas, grandes estrelas cintilavam. Os dias eram banhados por um invariável esplendor. Como um casal real, o Sol e a Lua eram visíveis de cada um dos lados do horizonte.

Nós entronizados num mundo mais sublime, monarcas-gémeos, esposos desde o seio da eternidade —; ele segurando um cetro com cabeça de galgo, eu, um cetro com uma flor de lótus, os dois de pé, as mãos juntas —; e os colapsos dos impérios não mudavam a nossa atitude.

O Egito estendia-se aos nossos pés, monumental e grave, longo como a galeria de um templo, com obeliscos à direita, pirâmides à esquerda, um labirinto no meio — e por todo o lado avenidas de monstros, florestas de colunas, pesados pilões encimados por um globo terrestre fixado entre duas asas.

Os animais do seu zodíaco encontravam-se nas suas pastagens, enchendo com as suas formas e as suas cores aquela misteriosa escrita. Dividida em doze regiões, como o ano o é em doze meses — tendo cada mês e cada dia o seu próprio deus — essa escrita reproduzia a imutável ordem do céu; e o homem, ao expirar, não perdia as suas feições, mas, saturado de perfumes, tornado indestrutível, dormia durante três mil anos num Egito silencioso.

Este, mais vasto do que o outro, estendia-se por baixo da terra.

Descíamos a ele através de uma escadaria que conduzia a salas onde se encontravam reproduzidas as alegrias dos bons, as torturas dos maus, tudo aquilo que tem lugar no terceiro mundo invisível. Dispostos ao longo das paredes, os mortos em féretros pintados esperavam a sua vez; e a alma, eximida das migrações, permanecia no seu torpor até ao despertar de outra vida.

Osíris, no entanto, vinha ver-me algumas vezes. A sua sombra fez-me mãe de Harpócrates.

Contempla a criança.

É a cara dele! São os seus olhos; são os seus cabelos, entrançados em cornos de carneiro! Recomeçarás as suas obras. Refloriremos como o lótus. Eu continuo a ser a grande Ísis! Ainda ninguém me levantou o véu! O meu fruto é o sol!

Sol da primavera, nuvens obscurecem a tua face! O sopro de Tifão devora as pirâmides. Vi, agora mesmo, a esfinge fugir. Corria como um chacal.

Procuro os meus sacerdotes — os meus sacerdotes em mantos de linho, com grandes harpas, e que carregavam uma nacela mística, ornada com páteras de prata. Acabaram-se as festas nos lagos! Acabaram-se as iluminações no meu delta! Acabaram-se as taças de leite em Filas! Ápis há muito que não aparece.

Egito! Egito! Os teus grandes deuses imóveis têm os ombros esbranquiçados pelos excrementos das aves, e o vento que passa sobre o deserto faz rodopiar as cinzas dos teus mortos! — Anúbis, guardião das sombras, não me abandones!

O cinocéfalo desmaiou.
Ela sacode o filho.

Mas... que tens tu?... As tuas mãos estão frias, a tua cabeça pende!

Harpócrates acaba de morrer.

Ela lança então no ar um grito de tal forma agudo, lúgubre e lancinante, que Antão responde com outro grito, abrindo os braços para a amparar.

Ela já não está lá. Ele baixa a cabeça, esmagado pela vergonha.

Tudo aquilo que acabou de ver confunde-se no seu espírito. É como a tontura de uma viagem, a ressaca de uma embriaguez. Ele queria odiar e, no entanto, uma vaga piedade amolece-lhe o coração. Desata a chorar copiosamente.

HILARIÃO

Quem é que o põe triste?

ANTÃO

depois de ter procurado, em si mesmo, durante muito tempo:

Penso em todas as almas perdidas por estes falsos deuses!

HILARIÃO

Não crês que eles têm... por vezes... muitas semelhanças com o verdadeiro?

ANTÃO

É um artifício do Diabo para melhor seduzir os fiéis. Ele ataca os fortes através do espírito, os outros pelo meio da carne.

HILARIÃO

Mas a luxúria, nos seus furores, tem o desprendimento da penitência. O amor frenético do corpo acelera a sua destruição — e proclama, através da sua fraqueza, a extensão do impossível.

ANTÃO

Que me importa isso! O meu coração subleva-se de repugnância ante esses deuses bestiais, sempre ocupados com carnificinas e incestos!

HILARIÃO

Lembra-te de todas as coisas das Escrituras que te escandalizam porque não as compreendes. Da mesma forma, estes deuses, nas suas formas criminosas, podem conter a verdade.

Ainda há muito para ver. Volta a olhar!

ANTÃO

Não, não! É um perigo!

HILARIÃO

Ainda agora querias conhecê-los. Vacilaria a tua fé sob a ação da mentira?

Que temes tu?

Os rochedos em frente de Antão transformam-se numa montanha.

Uma fileira de nuvens corta-a a meia altura; e por cima aparece uma outra montanha, enorme, toda verde, escavada desigualmente por pequenos vales e tendo, no cume, no meio de um bosque de loureiros, um palácio de bronze com telhas de ouro e capitéis de marfim.

No centro do peristilo, sobre um trono, JÚPITER, *colossal e de torso nu, empunhando a vitória numa mão, o raio na outra; e a sua águia, entre as suas pernas, ergue a cabeça.*

JUNO, *a seu lado, revira os seus grandes olhos, encimados por um diadema do qual se liberta, como um vapor, um véu flutuando ao vento.*

Por trás, MINERVA, *de pé sobre um pedestal, apoia-se de encontro à sua lança. A pele da Górgona cobre o seu peito; e um peplo de linho descai, em pregas regulares, até aos artelhos. Os seus olhos glaucos, que brilham sob a sua viseira, olham a lonjura, atentamente.*

À direita do palácio, o velho NEPTUNO *monta um golfinho cujas barbatanas arremetem de encontro a um grande blau, que tanto pode ser o céu como o mar, porquanto a perspetiva do oceano continua o éter azul; os dois elementos confundem-se.*

Do outro lado, PLUTÃO *feroz, envergando um manto da cor da noite, com uma tiara de diamantes e um cetro de ébano, está no meio de uma ilha rodeada pelas circunvoluções do Estige —; e aquele rio de sombra lança-se nas trevas que formam, sob a falésia, um grande buraco negro, um abismo informe.*

MARTE, *vestido de bronze, brande com ar furioso o seu escudo de lâminas e a sua espada.*

HÉRCULES, *mais abaixo, contempla-o, apoiando-se na sua clava.*

APOLO, de face radiante, conduz, com o braço direito estendido, quatro cavalos brancos que galopam; e CERES, numa carroça puxada por bois, avança na sua direção, de foice na mão.

BACO vem atrás dela, num carro muito baixo, indolentemente puxado por linces. Gordo, imberbe e com pâmpanos na fronte, passa segurando uma taça de onde transborda vinho. Sileno, a seu lado, cambaleia sobre um asno. Pã, de orelhas pontiagudas sopra na siringe; as Mimaloneides batem em tambores, as Ménades atiram flores, as Bacantes sacodem a cabeça para trás, soltando o cabelo.

DIANA, de túnica arregaçada, sai do bosque com as suas ninfas.

No fundo de uma caverna, VULCANO malha o ferro entre os Cabiros; aqui e ali, os velhos Rios, apoiando-se em pedregulhos verdes, derramam as suas urnas; as Musas, de pé, cantam pelos pequenos vales.

As Horas, de aspeto igual, dão as mãos umas às outras; e MERCÚRIO está deitado obliquamente sobre um arco-íris, com o seu caduceu, as suas asas-talares, e o seu chapéu de grandes abas.

Mas no topo da escadaria dos deuses, entre nuvens macias como plumas e cujas volutas, rodopiando, deixam cair rosas, VÉNUS-ANADIOMENE olha-se a um espelho; as suas pupilas assomam langorosamente sob as suas pálpebras algo pesadas.

Tem longos cabelos louros que caem sobre os ombros, os seios pequenos, cintura fina, as ancas largas como a curvatura das liras, as duas coxas bem arredondadas, covinhas à volta dos joelhos e os pés delicados; não longe da sua boca, uma borboleta esvoaça. O esplendor do seu corpo produz à sua volta um halo de nácar brilhante; e todo o resto do Olimpo é banhado por uma alvorada de um vermelho alaranjado que, impercetivelmente, invade as alturas do céu azul.

ANTÃO

Ah, o meu peito desoprime-se. Uma alegria que não conhecia desce-me até ao fundo da alma! Como é belo! Como é belo!

HILARIÃO

Eles debruçavam-se do alto das nuvens para guiarem as espadas; encontrávamo-los à beira dos caminhos, tínhamo-los em casa —; e essa familiaridade divinizava a vida.

Ela não tinha por objetivo senão ser livre e bela. As vestimentas largas facilitavam a nobreza das atitudes. A voz do orador, exercida pelo mar, fustigava com ondas sonoras os pórticos de mármore. O efebo, besuntado com azeite, lutava completamente nu em pleno sol. A mais religiosa das ações era exibir formas puras.

E esses homens respeitavam as esposas, os anciãos, os suplicantes.

Por trás do templo de Hércules, havia um altar à Piedade.

As vítimas eram imoladas com flores à volta dos dedos. A própria recordação estava livre da podridão dos mortos. Deles não restava senão um pouco de cinzas. A alma, misturada ao éter sem limites, partira para os deuses!

Inclinando-se ao ouvido de Antão:

E todos eles permanecem vivos! O imperador Constantino adora Apolo. Encontrarás a Trindade nos mistérios de Samotrácia, o batismo em Ísis, a redenção em Mitras, o martírio de um deus nas festas de Baco. Proserpina é a Virgem!... Aristeu, Jesus!

ANTÃO

continua de olhos baixos; depois, de repente, começa a repetir o símbolo de Jerusalém — tal como se lembra —, prolongando cada frase com um longo suspiro:

Creio em um só Deus, o Pai —, e em um só Senhor, Jesus Cristo —, filho primogénito de Deus —, que encarnou e se fez homem —, que foi crucificado — e sepultado —, que subiu ao céu —, que virá para julgar os vivos e os mortos —, cujo reino não terá fim; — e creio em um só Espírito Santo —, e em um só batismo de arrependimento —, e em uma só santa Igreja Católica —, e na ressurreição da carne —, e na vida eterna!

Imediatamente, a cruz começa a crescer, e, perfurando as nuvens, projeta uma sombra sobre o céu dos deuses.

Todos empalidecem. O Olimpo abanou.

Antão distingue no sopé, meio perdidos nas cavernas, ou carregando pedras às costas, enormes corpos acorrentados. São os Titãs, os Gigantes, os Hecatonquiros, os Ciclopes.

UMA VOZ

eleva-se, indistinta e formidável —, como o rugido das ondas, como o barulho dos bosques sob a tempestade, como o ruído do vento nos precipícios:

Nós todos já sabíamos isso! Os deuses teriam forçosamente de acabar. Úrano foi mutilado por Saturno, Saturno por Júpiter. Ele próprio será aniquilado. Um de cada vez; é o destino!

e, pouco a pouco, eles afundam-se na montanha, desaparecem.

Entretanto, as telhas do palácio de ouro voam pelos ares.

JÚPITER

desceu do seu trono. O raio, aos seus pés, fumega como um tição prestes a extinguir-se —; e a águia, esticando o pescoço, recolhe com o bico as penas que caem.

Já não sou, pois, o senhor das coisas, o excelso, o grandioso, deus das fratrias e dos povos gregos, antepassado de todos os reis, Agamémnon do céu!

Águia das apoteoses, que sopro de Érebo te empurrou até mim? Ou, voando do campo de Marte, trazes-me tu a alma do último dos imperadores?

Já não quero as almas dos homens! Que a terra os guarde, e que eles se revolvam de acordo com a sua baixeza. Eles têm agora corações de escravos, esquecem as injúrias, os antepassados, o juramento; e por todo o lado triunfa a estupidez das multidões, a mediocridade do indivíduo, a hediondez das raças!

A respiração expande-lhe as costelas quase ao ponto de as partir, e ele torce os punhos. Hebe, em prantos, oferece-lhe uma taça. Ele agarra-a.

Não! Não! Enquanto houver, seja onde for, uma cabeça pensante, que odeie a desordem e conceba a Lei, o espírito de Júpiter viverá!

Mas a taça está vazia.
Ele inclina-a lentamente sobre a unha do dedo.

Nem uma gota! Quando a ambrósia falta, os Imortais partem!

A taça escorrega-lhe das mãos; e ele apoia-se de encontro a uma coluna, sentindo-se morrer.

JUNO

Não devias ter tido tantos amores! Águia, touro, cisne, chuva de ouro, nuvem e chama, tomaste todas as formas, dispersaste a tua luz em todos os elementos, deixaste os teus cabelos em todos os leitos! O divórcio é irrevogável desta vez —, e o nosso domínio, a nossa existência dissolveu-se!

Ela afasta-se no ar.

MINERVA

já não tem a sua lança; e os corvos, que se aninhavam nas esculturas do friso, rodopiam em seu redor, bicam-lhe o elmo.

Deixem-me ver se os meus navios, fendendo o mar brilhante, voltaram aos meus três portos, deixem-me saber porque é que os campos estão desertos e o que fazem agora as filhas de Atenas.

No mês de Hecatombeu, todo o meu povo se apresentou diante de mim, conduzido pelos seus magistrados e pelos seus sacerdotes. Avançaram depois na minha direção, envergando vestimentas brancas e túnicas de ouro, longas filas de virgens segurando taças, cestas, guarda-sóis; em seguida, os trezentos bois do sacrifício, os velhos agitando ramos verdes, os soldados entrechocando as suas armaduras, efebos entoando hinos, tocadores de flauta, tocadores de lira, rapsodos, dançarinas —; por fim, no mastro de uma trirreme que se movia sobre rodas, a minha grande vela bordada por virgens que haviam sido alimentadas durante um ano de uma forma especial; vela essa que depois de ter sido mostrada em todas as ruas, em todas as praças e diante de todos os templos, no meio de um cortejo sempre a salmodiar, subiu, passo a passo, a colina da Acrópole, passou de raspão pelo Propileu e entrou no Pártenon.

Mas uma agitação se apodera de mim, de mim, a industriosa! Como, como? Nem uma única ideia! Eis que tremo mais do que uma mulher.

Avista atrás de si uma ruína, solta um grito, e, atingida na fronte, cai de costas por terra.

HÉRCULES

arremessou para o lado a sua pele de leão; e, apoiando-se nos pés, arqueando as costas e mordendo os lábios, empreende esforços desmesurados para sustentar o Olimpo, que colapsa.

Derrotei os Cercopes, as Amazonas e os Centauros. Matei muitos reis. Parti o corno de Aqueloo, um grande rio. Dividi montanhas, reuni oceanos. Países escravos, libertei-os, países desertos, povoei-os. Percorri as Gálias. Atravessei o deserto onde se morre de sede. Defendi os deuses e desembaracei-me de Ônfale. Mas o Olimpo é demasiado pesado. Os meus braços cedem. Morro!

É esmagado pelos escombros.

PLUTÃO

A culpa é tua, Anfitrionades! Porque vieste ao meu império?

O abutre que come as entranhas de Tício ergueu a cabeça, Tântalo molhou os lábios, a roda de Ixíon deteve-se.

Entretanto, as Queres estendiam as garras para agarrar as almas; as Fúrias, em desespero, torciam as serpentes das suas cabeleiras; e Cérbero, amarrado por ti com uma corrente, arquejava, babando pelas suas três goelas.

Tinhas deixado a porta entreaberta. Vieram outros. O dia dos homens penetrou no Tártaro!

Desaparece na escuridão.

NEPTUNO

O meu tridente já não levanta tempestades. Os monstros que causavam medo apodrecem nas profundezas das águas.

Anfitrite, cujos brancos pés corriam sobre a escuma, as verdes Nereidas que se avistavam no horizonte, as Sereias escamosas que paravam os navios para contarem histórias, e os velhos Tritões que sopravam conchas, todos morreram! A alegria do mar desapareceu!

Não sobreviverei a isso! Que o vasto oceano me cubra!

Desvanece-se no azul.

DIANA

vestida de preto e no meio dos seus cães, que se transformaram em lobos:

A liberdade dos grandes bosques inebriou-me, bem como o cheiro das feras e a exalação dos pauis. As mulheres, cujas gravidezes eu protegia, dão à luz crianças mortas. A lua treme sob o encantamento das feiticeiras. Tenho desejos de violência e de imensidão. Quero beber venenos, perder-me nos vapores, nos sonhos!...

E uma nuvem que por ali passa leva-a.

MARTE

com a cabeça descoberta, ensanguentado:

No início combati sozinho, provocando, através de injúrias, exércitos inteiros, indiferente às pátrias e pelo simples prazer da carnificina.

Depois, tive companheiros. Marchavam ao som das flautas, ordeiramente, com um passo igual, respirando por cima dos seus escudos, os penachos ao alto, a lança oblíqua. Atirávamo-nos à batalha com grandes gritos de águia. A guerra era tão prazerosa como um festim. Trezentos homens opuseram-se a toda a Ásia.

Mas eles regressam agora, os bárbaros! Miríades deles, aos milhões! Uma vez que o número, as máquinas de guerra e a astúcia são superiores, mais vale morrer como um bravo!

Mata-se.

VULCANO

enxugando com uma esponja os membros cobertos de suor:

O mundo arrefece. É preciso aquecer as nascentes, os vulcões e os rios que revolvem metais debaixo da terra! — Batei com mais vigor! Com todo o poder dos braços! Com todas as vossas forças!

Os Cabiros ferem-se com os seus martelos, cegam-se com as faúlhas e, tateando, perdem-se na sombra.

CERES

de pé no seu carro, que é movido por rodas com asas no meio:

Para! Para!

Tínhamos toda a razão em excluir os estrangeiros, os ateus, os epicuristas e os cristãos! O mistério do cesto foi desvendado, o santuário profanado, tudo está perdido!

Desce por uma encosta íngreme — desesperada, gritando, arrancando os cabelos.

Ah, mentira! Daira não me foi devolvida! O bronze chama-me para os mortos. É um outro Tártaro! Dele não se regressa. Horror!

O abismo engole-a.

BACO

rindo, freneticamente:

Que importa! A mulher do Arconte é minha esposa! A própria lei cai de embriaguez. Quero lá saber do que é novo e das suas múltiplas formas!

O fogo que devorou a minha mãe corre nas minhas veias. Que ele arda com ainda mais força, mesmo que eu pereça!

Macho e fêmea, bom para todos, eu entrego-me a vós, Bacantes! E a videira enrolar-se-á ao tronco das árvores! Uivai, dançai, rodopiai! Soltai o tigre e o escravo! Com dentadas ferozes, mordei a carne!

E Pã, Sileno, os Sátiros, as Bacantes, as Mimaloneides e as Ménades, com as suas serpentes, os seus archotes, as suas máscaras negras, atiram a si próprias flores, descobrem um falo, beijam-no — agitam os timbales, batem os tirsos, apedrejam-se com conchas, trincam uvas, estrangulam um bode e despedaçam Baco.

APOLO

chicoteando os seus corcéis e, com os cabelos esbranquiçados levados pelo vento:

Deixei atrás de mim Delos, a pedregosa, tão pura que tudo lá parece agora morto; e tento chegar a Delfos antes que as suas emanações inspiradoras se tenham perdido por completo. Os mulos pastam o seu loureiro. A Pitonisa perdida não se encontra em lado nenhum.

Através de uma concentração mais forte, farei poemas sublimes, monumentos eternos; e toda a matéria será penetrada pelas vibrações da minha cítara!

Dedilha as cordas. Elas partem-se, açoitando-lhe o rosto. Põe de lado a cítara; e fustigando a sua quadriga com fúria:

Não! Basta de formas! Mais longe ainda! Até ao cume! À ideia pura!

Mas os cavalos, estacando, empinam-se, partem o carro; e Apolo, enredado em bocados do cabeçalho, no emaranhado dos arreios, cai em direção ao abismo, cabeça para baixo.

O céu escureceu.

VÉNUS

roxa de frio, tirita.

Eu formava com a minha cintura todo o horizonte da Helénia.

Os seus campos brilhavam com o rosa das minhas faces, as suas margens eram recortadas segundo a forma dos meus lábios; e as suas montanhas, mais brancas do que as minhas pombas, palpitavam sob a mão dos estatuários. A minha alma podia ser encontrada na organização das festas, no arranjo dos penteados, no diálogo dos filósofos, na constituição das repúblicas. Mas afeiçoei-me demasiado aos homens! Foi o Amor que me desonrou!

Deita-se ao chão e irrompe num pranto.

O mundo é abominável. Falta-me o ar!

Ó Mercúrio, inventor da lira e condutor das almas, leva-me daqui!

Põe um dedo sobre a boca e, descrevendo uma imensa parábola, cai no abismo.

Já não se vê nada. As trevas são completas.

No entanto, elas escapam das pupilas de Hilarião como duas flechas vermelhas.

ANTÃO

repara, por fim, na grande estatura de Hilarião.

Já por várias vezes, enquanto falavas, parecias-me crescer cada vez mais —; e não era uma ilusão. Como? Explica-me... A tua pessoa assusta-me!

Aproximam-se passos.

Que é aquilo?

HILARIÃO

estende o braço.

Olha!

Então, sob um pálido raio de lua, Antão distingue uma interminável caravana que desfila sobre a crista das rochas —; e todos os viajantes, um após o outro, caem da falésia para o precipício.

Primeiro, são os três grandes Deuses da Samotrácia, Axiéros, Axiokersos, Axiokersa, agrupados num feixe, cobertos de púrpura e levantando as mãos.

Esculápio avança com um ar melancólico, sem sequer ver Samos e Telésforo, que o questionam com angústia. Sosipolis de Élis, sob a forma de pitão, rola os seus anéis em direção ao abismo. Despoina, numa vertigem, também para ali se atira. Britomártis, berrando de medo, agarra-se às malhas da sua rede. Os Centauros chegam, num galope desenfreado, e precipitam-se, desordenadamente, no buraco negro.

Atrás deles, caminha, coxeando, o lamentável grupo das Ninfas. As dos prados estão cobertas de pó, as do bosque gemem e sangram, feridas pelo machado dos lenhadores.

As Geludas, as Striges, as Empusas, todas as deusas infernais, enredando as suas presas, as suas tochas, as suas víboras, formam uma pirâmide —; e, no cimo, sobre uma pele de abutre, Eurínome, azulado como as moscas varejeiras, devora os seus próprios braços.

Depois, num turbilhão, desaparecem todos ao mesmo tempo: Ortia, a sanguinária, Himnia de Orcómeno, a Lafria dos Patreanos, Afia de Egina, Bendis da Trácia, Estinfália de coxa de ave, Triopas, que em vez de três pupilas tem três órbitas, Erictónio, de pernas frouxas, rastejando como um estropiado, apoiado nos punhos.

HILARIÃO

Que imensa felicidade, não é? Vê-los a todos na abjeção e na agonia! Sobe comigo a esta pedra; e serás como Xerxes, passando em revista o seu exército.

Consegues avistar, lá em baixo, muito ao longe, no meio da névoa, aquele gigante de barba loura que deixa cair um gládio tingido de sangue? É o Cita Zalmoxis, entre dois planetas: Argimpasa — Vénus, e Orsíloca — a Lua.

Ainda mais para lá, emergindo das nuvens pálidas, estão os deuses adorados pelos Cimérios, até mesmo para lá de Thule!

Os seus grandes salões eram aquecidos; e, sob o brilho das espadas nuas que revestiam a abóboda, bebiam hidromel em cornos de marfim. Comiam fígado de baleia em pratos de cobre batidos por demónios; ou então escutavam feiticeiros cativos dedilhando com mãos rápidas harpas de pedra.

Estão cansados! Têm frio! A neve torna as suas peles de urso mais pesadas, e os rasgões das suas sandálias deixam ver os pés.

Lastimam os prados perdidos, onde, sobre cabeços de erva, recuperavam o fôlego durante as batalhas, os grandes navios cuja proa cortava os blocos de gelo, e os patins que tinham para seguirem o orbe dos polos, carregando na extremidade dos braços todo o firmamento que ia girando com eles.

Uma rajada de granizo envolve-os.

Antão baixa o olhar para outro lado.

E avista — sobressaindo em negro sobre um fundo vermelho — estranhos personagens, com proteções de queixo e guantes, atirando bolas entre si, pulando uns sobre os outros, fazendo caretas, dançando freneticamente.

HILARIÃO

São os deuses da Etrúria, os inumeráveis Aisar.

Eis Tages, o inventor dos augúrios. Ele tenta, com uma mão, aumentar as divisões do céu e, com a outra, apoia-se sobre a terra. Que nela entre!

Nortia encara a parede onde cravava pregos para marcar o número dos anos. A superfície está coberta deles, e o último período concluído.

Como dois viajantes fustigados por uma tempestade, Castor e Pólux abrigam-se, tiritando debaixo do mesmo manto.

ANTÃO

fecha os olhos.

Basta! Basta!

Mas com um grande ruído de asas, passam no ar todas as Vitórias do Capitólio — escondendo a sua fronte entre as mãos e deixando cair os troféus que estavam suspensos nos seus braços.

Janus — mestre dos crepúsculos, foge montado num carneiro preto; e, das suas duas caras, uma está já putrefacta, a outra morre de cansaço.

Sumano — deus do céu escuro e que já não tem cabeça, pressiona contra o seu coração um bolo seco em forma de roda.

Vesta — sob uma cúpula em ruínas, tenta reavivar a sua lâmpada extinta.

Belona — golpeia-se na face, sem fazer jorrar o sangue que purificava os seus devotos.

ANTÃO

Misericórdia! Eles cansam-me!

HILARIÃO

Antigamente, eles divertiam!

E mostra a Antão, num bosque de lódãos, Uma Mulher completamente nua — de quatro como uma besta, e penetrada por um homem negro, segurando em cada mão um archote.

É a deusa de Arícia, com o demónio Vírbio. O seu sacerdote, o rei do bosque, deve ter sido um assassino —; e os escravos em fuga, os saqueadores de cadáveres, os salteadores da via Salária, os estropiados da ponte Sublício, toda a vermina dos casebres de Suburra, eram os seus maiores devotos!

As patrícias do tempo de Marco António preferiam Libitina.

E mostra-lhe, sob ciprestes e roseiras, Uma outra Mulher... vestida de gaze. Ela sorri, tendo à sua volta alviões, macas; panos negros, todos os utensílios dos funerais. Os seus diamantes brilham ao longe sob teias de aranha. As Larvas como esqueletos mostram os seus ossos entre os ramos, e os Lémures, que são fantasmas, abrem as suas asas de morcego.

Nos limites de um campo, o deus Término, desterrado, inclina-se, todo coberto de lixo.

No meio de um sulco, o grande cadáver de Vertumno é devorado por cães vermelhos.

Os deuses rústicos afastam-se, chorando, Sator, Sarritor, Vervactor, Collatina, Vallonia, Hostilina — todos cobertos com pequenos mantos com capuzes, e tendo, cada um deles, ou um sacho, ou uma forquilha, ou um crivo ou um venábulo.

HILARIÃO

Era a sua alma que fazia a propriedade prosperar, com os seus pombais, as suas criações de arganazes e caracóis, os seus quintais protegidos por redes, as suas quentes cavalariças cheirando a cedro.

Protegiam todos os miseráveis que arrastavam os grilhões das suas pernas pelos calhaus da Sabina, os que chamavam os porcos ao som da trompa, os que colhiam os cachos do cimo dos ulmeiros, os que puxavam, através de pequenos carreiros, asnos carregados com estrume. O lavrador, ofegando sobre o cabo da sua charrua, implorava-lhes que robustecessem os seus braços; e os vaqueiros, à sombra das tílias, tendo por perto cabaças de leite, alternaram louvores em flautas de cana.

Antão suspira.

E, no centro de um quarto, sobre um estrado, vê-se um leito de marfim, rodeado por pessoas que empunham tochas de abeto.

São os deuses do casamento. Esperam a noiva!

Deveria ser conduzida por Domiduca, Virgo desataria o seu cinto, Subigo estendê-la-ia sobre o leito —, e Prema afastaria os braços, dizendo-lhe ao ouvido palavras doces.

Mas ela não virá! E eles dispensam as outras: Nona e Decima, enfermeiras, as três Nixi, parteiras, as duas amas-de-leite, Édula e Pótina — e Carna, a embaladora, cujo ramalhete de espinheiros afasta da criança os sonhos maus.

Mais tarde, Ossipagina fortalecer-lhe-ia os joelhos, Barbato conceder-lhe-ia a barba, Stimula, os primeiros desejos, Volupia, o primeiro gozo, Fabulino ensiná-la-ia a falar, Numéria, a contar, as Camenas ensiná-la-iam a cantar, Consus, a refletir.

O quarto fica vazio; e na borda da cama não permanece senão Nenia — centenária — resmoneando para si mesma o lamento que berrava na morte dos velhos.

Mas logo a sua voz é dominada por gritos agudos. São:

OS LARES DOMÉSTICOS

acocorados no fundo do átrio, vestidos com peles de cão, com flores à volta do corpo, de mãos cerradas de encontro ao rosto, e chorando copiosamente.

Onde está a quantidade de comida que nos davam a cada refeição, os bons cuidados da serva, o sorriso da matrona e a alegria dos meninos jogando à bugalha nos mosaicos do pátio? Depois, já crescidos, penduravam no nosso peito as suas bolas de ouro ou de couro.

Que felicidade, quando, numa noite de triunfo, o senhor, ao regressar, virava para nós os seus olhos húmidos! Narrava os seus combates; e a pequena casa era mais distinta do que um palácio e tão sagrada como um templo.

E como eram agradáveis as refeições familiares, sobretudo no dia a seguir à Feralia! Face à ternura pelos mortos, todas as discórdias se desvaneciam; e abraçámo-nos, bebendo às glórias do passado e às esperanças do futuro.

Mas os antepassados de cera pintada, trancados atrás de nós, cobrem-se lentamente de bolor. As novas raças, para nos punirem pelas suas deceções, partiram-nos o maxilar; sob os dentes dos ratos, os nossos corpos de madeira esboroam-se.

E os incontáveis deuses que velavam nas portas, na cozinha, no celeiro, nas estufas, dispersam-se por todos os lados —, sob a aparência de enormes formigas que marcham ou de grandes borboletas que esvoaçam.

CRÉPITUS

faz-se ouvir.

Também eu fui outrora venerado. Faziam-me libações. Eu fui um Deus!

O ateniense saudava-me como um presságio de fortuna, enquanto o devoto romano me amaldiçoava com os punhos levantados, e o pontífice do Egito, abstendo-se de favas, tremia com a minha voz e empalidecia com o meu cheiro.

Quando o vinagre militar corria pelas barbas crescidas, quando nos regalávamos com bolotas, ervilhas e cebolas cruas, e o bode em pedaços cozia na rançosa manteiga dos pastores, sem qualquer preocupação pelos vizinhos, ninguém se sentia então incomodado. Os alimentos sólidos tornavam as digestões barulhentas. Ao sol do campo, os homens aliviavam--se com lentidão.

Assim passei sem escândalo, como as outras necessidades da vida, como Mena, tormento das virgens, e a doce Rumina que protege o seio da ama de leite, intumescido de veias azuladas. Eu era divertido. Fazia rir! E descarregando-se à vontade por minha causa, o conviva exalava toda a satisfação pelos orifícios do seu corpo.

Tive os meus dias de orgulho. O bom Aristófanes passeou-me em palco, e o imperador Cláudio Druso fez-me sentar à sua mesa. Nos laticlavos dos patrícios circulei majestosamente! Os vasos de ouro e os timbales ressoavam aos meus pés —; e quando, cheio de moreias, de trufas e de patês, o intestino do senhor se soltava com estrondo, o universo atento ficava a saber César havia jantado!

Mas agora estou reduzido à populaça —, e protestam, só de ouvirem o meu nome!

E Crépitus afasta-se, proferindo um queixume.

Em seguida, escuta-se um trovão;

UMA VOZ

Eu era o Deus dos exércitos, o Senhor, o Senhor Deus!

Estendi sobre as colinas as tendas de Jacob e alimentei na areia o meu povo em fuga.

Fui eu que incendiei Sodoma! Fui eu que submergi a terra sob o Dilúvio! Fui eu que afoguei o Faraó, e os príncipes, filhos de reis, os carros de guerra e os cocheiros.

Deus ciumento, eu execrava os outros deuses. Esmaguei os impuros; abati os soberbos —; e a minha desolação corria à direita e à esquerda, como um dromedário deixado solto num campo de milho.

Para libertar Israel, escolhia os simples. Anjos com asas de fogo falavam com eles nas sarças.

Perfumadas de narda, canela e mirra, com vestes transparentes e sapatos de salto alto, mulheres de coração intrépido iam degolar os capitães. O vento que passava trazia os profetas.

Tinha gravado a minha lei sobre tábuas de pedra. Essa lei encerrava o meu povo como numa cidadela. Eles eram o meu povo. Eu era o seu Deus! A terra era minha, os homens meus, juntamente com os seus pensamentos, as suas obras, os seus utensílios de lavoura e a sua posteridade.

A minha arca repousava num triplo santuário, por trás de cortinas de púrpura e de candelabros acesos. Tinha, para me servir, uma tribo inteira, que balançava turíbulos, e um sumo-sacerdote, de túnica de jacinto, trazendo ao peito pedras preciosas, dispostas segundo uma ordem simétrica.

Desgraça! Desgraça! O Santo dos Santos foi aberto, o véu foi rasgado, os perfumes do holocausto perderam-se em todos os ventos. O chacal uiva nos sepulcros; o meu templo está destruído, o meu povo está disperso!

Os sacerdotes foram estrangulados com os cordões dos seus hábitos. As mulheres foram feitas cativas, os vasos todos fundidos!

A voz, afastando-se:

Eu era o Deus dos exércitos, o Senhor, o Senhor Deus!

Faz-se então um silêncio enorme, uma noite profunda.

ANTÃO

Passaram todos.

Falto eu!

diz ALGUÉM.

E Hilarião está perante ele —, mas transfigurado, belo como um arcanjo, luminoso como um sol —, e, de tal forma enorme que para o ver

ANTÃO

inclina a cabeça para trás.

Quem és tu, então?

HILARIÃO

O meu reino é do tamanho do Universo; e o meu desejo não tem limites. Continuo sempre a libertar o espírito e a pesar os mundos, sem ódio, sem medo, sem piedade, sem amor e sem Deus. Chamam-me Ciência.

ANTÃO

recua:

Deves ser antes… o Diabo!

HILARIÃO

fixando nele as suas pupilas:

Queres vê-lo?

ANTÃO

já não se consegue libertar daquele olhar; apodera-se dele a curiosidade do Diabo. O seu terror aumenta, o seu desejo torna-se desmesurado.

E se eu o visse... se eu o visse?...

Depois, num espasmo de cólera:

O horror que sinto, livrar-me-ia dele para sempre. — Sim!

Um casco fendido revela-se.
Antão arrepende-se.
Mas o Diabo enlaçou-o pelos cornos e leva-o.

VI

O diabo voa por baixo dele, esticado como um nadador —; as duas grandes asas bem abertas, ocultando-o por inteiro, assemelham-se a uma nuvem.

ANTÃO

Para onde vou?

Ainda agora me pareceu entrever a forma do Maldito. Não! Uma nuvem leva-me para longe. Talvez esteja morto e ascenda a Deus?

Ah, como se respira bem! O ar imaculado enche-me a alma. Não mais gravidade! Não mais sofrimento!

Por baixo de mim, os relâmpagos brilham, o horizonte alarga-se, os rios intersetam-se. Aquela mancha dourada é o deserto, aquela poça, o oceano.

E outros oceanos aparecem, regiões imensas que eu desconhecia. Ali estão os países negros, fumegando como braseiros, a zona das neves, sempre encoberta por névoas.

Estou a tentar descobrir as montanhas onde o sol, todas as tardes, se põe.

O DIABO

O sol não se põe nunca!

Antão não se surpreende com aquela voz. Ela lembra-lhe um eco do seu pensamento —; uma resposta da sua memória.

Entretanto, a Terra assume a forma de uma bola; e ele avista-a no meio do azul que gira sobre os seus polos, girando em torno do Sol.

O DIABO

Ela não é, então, o centro do mundo? Orgulho do homem, humilha-te!

ANTÃO

Mal a consigo distinguir agora. Ela confunde-se com as outras luzes.

O firmamento não é senão uma trama de estrelas.

Continuam a subir.

Nenhum barulho! Nem mesmo o crocito das águias! Nada!... E debruço-me para ouvir a harmonia dos planetas.

O DIABO

Não os poderás ouvir! Não verás, tão-pouco, o antíctone de Platão, a fornalha de Filolau, as esferas de Aristóteles, nem os sete céus dos judeus com as grandes águas por cima da abóbada de cristal!

ANTÃO

De baixo, ela parecia sólida como uma muralha. Mas, afinal, penetro nela, nela me afundo!

E chega diante da Lua —, que parece um pedaço de gelo, completamente redondo, cheio de uma luz imóvel.

O DIABO

Essa foi outrora a morada das almas. O bom Pitágoras tinha-a mesmo guarnecido de pássaros e de flores magníficas.

ANTÃO

Não vejo nela senão planícies desoladas, com crateras extintas, debaixo de um céu completamente negro.

Dirijamo-nos àqueles astros de um brilho mais suave, a fim de contemplarmos os anjos que os seguram na extremidade dos braços, como archotes!

O DIABO

leva-o para o meio das estrelas.

Elas atraem-se ao mesmo tempo que se repelem. A ação de cada uma resulta das outras e para ela contribui — sem qualquer necessidade de auxílio, unicamente pela força de uma lei, a única virtude da ordem.

ANTÃO

Sim... sim! A minha inteligência abarca-a! É uma alegria superior aos prazeres da ternura! Estupefacto, quedo-me sem fôlego diante da enormidade de Deus!

O DIABO

Como o firmamento que se eleva à medida que sobes e continuará a crescer mediante a ascensão do teu pensamento —; e, em consequência da descoberta deste nundo, deste alargamento do infinito, sentirás aumentar a tua alegria.

ANTÃO

Ah, mais para o alto! Mais para o alto! Sempre!

Os astros multiplicam-se, cintilam. A Via Láctea, no zénite, desenvolve-se como uma imensa cintura, intervalada por vazios; nessas fendas da sua claridade, alongam-se espaços de trevas. Há chuvas de estrelas, trilhos de pó de ouro, vapores luminosos que flutuam e se dissolvem.

Por vezes, um cometa passa de repente —; depois, a tranquilidade das inúmeras luzes recomeça.

Antão, de braços abertos, apoia-se nos dois cornos do Diabo, ocupando assim toda a sua envergadura.

Lembra-se, com desdém, da ignorância dos velhos tempos, da mediocridade dos seus sonhos. Ei-los aqui, ao alcance da sua mão, aqueles globos luminosos que contemplava lá de baixo! Distingue a interseção das suas linhas, a complexidade das suas direções. Vê-os vir de longe —, e, suspensos como pedras numa funda, descreverem as suas órbitas, prolongarem as suas hipérboles.

Avista, com um único relance, o Cruzeiro do Sul e a Ursa Maior, o Lince e o Centauro, a Nebulosa da Tarântula, os seis sóis da constelação de Oríon, Júpiter com os seus quatro satélites e o triplo anel do monstruoso Saturno! Todos os planetas, todos os astros que os homens descobrirão mais tarde! Enche os olhos com todas aquelas luzes, sobrecarrega o pensamento com o cálculo das suas distâncias —; depois, a sua cabeça cai para trás.

Qual o propósito de tudo isto?

O DIABO

Não há qualquer propósito!

Como teria Deus um propósito? Que experiência poderia tê-lo instruído? Que reflexão poderia determiná-lo?

Antes do começo, ele não teria agido, e agora seria inútil.

ANTÃO

Mas, ainda assim, ele criou o mundo de uma só vez, pela sua palavra!

O DIABO

Mas os seres que povoam a terra apareceram nela sucessivamente. De igual modo, no céu, novos astros surgem —, efeitos diferentes de causas diversas.

ANTÃO

A diversidade das causas é a vontade de Deus!

O DIABO

Mas admitir em Deus vários atos de vontade é admitir várias causas e destruir a sua unidade!

A sua vontade não pode ser separada da sua essência. Ele não podia ter outra vontade, uma vez que não podia ter outra essência —; e dado que ele existe eternamente, ele age eternamente.

Contempla o Sol! Dos seus limites, escapam altas chamas que lançam centelhas, centelhas essas que se organizam para originarem mundos —; e para lá da última centelha, para lá das profundezas onde não avistas senão a noite, outros sóis giram, e por trás desses, outros, e outros ainda, indefinidamente...

ANTÃO

Basta! Basta! Tenho medo! Sinto-me a cair no abismo.

O DIABO

detém-se; e balançando-o suavemente:

O nada não existe! O vazio não existe! Por todo o lado há corpos que se movem sob o fundo imutável da Extensão —; e, como se ela fosse limitada por algo, já não seria a extensão, mas um corpo, ela não tem limites!

ANTÃO

boquiaberto:

Não tem limites!

O DIABO

Continua a subir pelo céu, sempre, sem parar; jamais alcançarás o cume! Desce abaixo da terra durante biliões e biliões de séculos, jamais chegarás ao fundo —, porque não há fundo, nem cume, nem alto, nem baixo, nenhum termo; e a Extensão encontra-se compreendida em Deus, que não é, de forma alguma, uma porção do espaço, desta ou daquela grandeza, mas a imensidão!

ANTÃO

lentamente:

A matéria... então... faria parte de Deus?

O DIABO

Porque não? Podes tu saber onde ele acaba?

ANTÃO

Pelo contrário, eu prostro-me, eu sinto-me completamente esmagado perante o seu poder!

O DIABO

E pretendes tu dobrá-lo! Falas com ele, adorna-lo mesmo de virtudes, bondade, justiça, clemência, em vez de reconheceres que ele possui todas as perfeições!

Conceber qualquer coisa além disso é conceber Deus além de Deus, o ser acima do ser. Ele é, pois, o único Ser, a única substância.

Se a Substância pudesse dividir-se, perderia a sua natureza, ela não seria ela, Deus deixaria de existir. Ele é, portanto, indivisível enquanto infinito —; e se ele tivesse um corpo, esse corpo seria composto de partes, e ele deixaria de ser uno, deixaria de ser infinito. Ele não é, portanto, uma pessoa!

ANTÃO

Como? As minhas orações, os meus soluços, os sofrimentos da minha carne, os transportes do meu ardor, tudo isso não passaria de uma mentira... no espaço... inútil —, como um grito de pássaro, como um turbilhão de folhas mortas!

Chora.

Oh, não! Acima de tudo existe alguém, uma grande alma, um Senhor, um pai, que o meu coração adora e que deve amar-me!

O DIABO

Desejas que Deus não seja Deus —; porque se ele experimentasse o amor, a cólera ou a piedade, passaria da sua perfeição a uma perfeição maior, ou menor. Ele não pode descer a um sentimento, nem reduzir-se a uma forma.

ANTÃO

Um dia, porém, vê-lo-ei!

O DIABO

Juntamente com os bem-aventurados, não é? — quando o finito contiver o infinito, num local restrito que encerre o absoluto!

ANTÃO

Não importa, deve haver um paraíso para o bem, assim como um inferno para o mal!

O DIABO

A exigência da tua razão, faz ela a lei das coisas? O mal é, sem dúvida, indiferente a Deus, uma vez que a terra está cheia dele!

É por impotência que ele o suporta, ou por crueldade que o preserva?

Pensas tu que ele está continuamente a reajustar o mundo como se de uma obra imperfeita se tratasse, e que ele vigia todos os movimentos de todos os seres, desde o voo da borboleta ao pensamento do homem?

Se ele criou o Universo, a sua providência é supérflua. Se a Providência existe, a criação é defeituosa.

Mas o mal e o bem não dizem respeito senão a ti —, como o dia e a noite, o prazer e a dor, a morte e o nascimento, que são relativos a um recanto da extensão, a um meio especial, a um interesse particular. Uma vez que só o infinito é permanente, o infinito existe —; e isso é tudo!

O Diabo estirou progressivamente as suas longas asas; elas cobrem agora o espaço.

ANTÃO

não consegue ver mais nada. Desfalece.

Um frio horrível gela-me até ao fundo da alma. Isto excede o limite da dor! É como uma morte mais profunda do que a morte. Revolvo-me na imensidão das trevas. Elas entram em mim. A minha consciência explode sob esta dilatação do nada!

O DIABO

Mas as coisas não chegam a ti senão por intermédio do teu espírito. Como um espelho côncavo, ele distorce os objetos —; e faltam-te todos os meios para averiguar a sua exatidão.

Jamais conhecerás o Universo em toda a sua extensão; consequentemente, não podes fazer uma ideia da sua causa, ter uma noção justa de Deus, nem sequer dizer que o Universo é infinito —, pois primeiro terias de conhecer o Infinito!

A Forma talvez seja um erro dos teus sentidos, a Substância, uma imaginação do teu pensamento.

A menos que o mundo seja um perpétuo fluxo das coisas, e a aparência, pelo contrário, tudo o que há de mais verdadeiro, a ilusão, a única realidade.

Mas estás tu certo de que vês? Estás tu mesmo certo de que vives? Talvez não haja nada!

O Diabo pegou em Antão; e, segurando-o na extremidade dos braços, olha para ele com a goela aberta, pronto a devorá-lo.

Adora-me, então, e maldiz o fantasma a que chamas Deus!

Antão levanta os olhos, num derradeiro movimento de esperança.

O Diabo abandona-o.

*

ANTÃO

dá por si deitado de costas, à beira da falésia.

O céu começa a clarear.

É a claridade da alvorada, ou antes um reflexo da lua?

Tenta levantar-se, volta a cair; e rangendo os dentes:

Sinto-me tão cansado... como se todos os meus ossos estivessem partidos!

Porquê?

Ah, foi o Diabo! Recordo-me agora —, e ele repetia-me mesmo tudo aquilo que aprendi com o velho Dídimo a respeito das opiniões de Xenófanes, de Heráclito, de Melissa, de Anaxágoras, sobre o infinito, sobre a criação, sobre a impossibilidade de verdadeiramente conhecer alguma coisa!

E acreditava eu poder unir-me a Deus!

Rindo amargamente:

Ah, Demência! Demência! Será culpa minha? A oração tornou-se-me intolerável! Tenho o coração mais seco do que uma rocha! Outrora, ele transbordava de amor...

A areia, pela manhã, fumegava no horizonte como o fumo de um incensório; ao pôr do sol, flores de fogo floresciam sobre a cruz; e, a meio da noite, parecia-me muitas vezes que todos os seres e todas as coisas, recolhidos no mesmo silêncio, adoravam comigo o Senhor. Oh, encanto das orações, felicidades do êxtase, presentes do céu, que é feito de tudo isso!

Lembro-me de uma viagem que fiz com Ámon, em busca de ermos para fundar alguns mosteiros. Era a última tarde; e nós apressávamos os nossos passos, murmurando hinos, lado a lado, sem falar. À medida que o sol baixava, as duas sombras dos nossos corpos alongavam-se como dois obeliscos que não paravam de crescer e que caminhavam à nossa frente. Aqui e ali, com pedaços dos nossos bordões, íamos plantando cruzes para marcar o sítio de alguma cela. A noite caía lentamente; ondas negras espraiavam-se já sobre a terra enquanto uma imensa tonalidade rosa ocupava ainda o céu.

Quando era criança, divertia-me a construir eremitérios com seixos. A minha mãe, por perto, observava-me.

Ela haveria de amaldiçoar-me pelo meu abandono, arrancando, aos punhados, os seus cabelos brancos. E o seu cadáver ficou para lá estendido, no meio da cabana, sob o telhado de canas, entre paredes que desabam. Através de um buraco, uma hiena, farejando, avança a sua goela!... Horror! Horror!

Soluça.

Não, Amonária não a terá abandonado!

Onde está ela agora, Amonária?

Talvez ela esteja a tirar a sua roupa no fundo de uma estufa, uma peça após a outra, primeiro o manto, depois a cinta, a primeira túnica, a segunda, mais leve, todos os seus colares; e o vapor da canela envolve os seus membros nus. Deita-se, por fim, sobre o tépido mosaico. A sua cabeleira, à volta dos quadris, forma como que um tosão negro —, e, sufocando um pouco na atmosfera demasiado quente, ela respira, a cintura arqueada, os dois seios para diante. Ah!... eis a minha carne que se revolta! No meio do pesar, a concupiscência tortura--me. Dois suplícios ao mesmo tempo, é demasiado! Já não suporto a minha pessoa!

Inclina-se e olha o precipício.

O homem que ali caísse estaria morto. Nada de mais fácil, bastava rolar sobre o lado esquerdo; um único movimento! Um só.

Aparece então

UMA VELHA MULHER

Antão levanta-se, num sobressalto de horror. — Crê ver a sua mãe ressuscitada.

Mas esta é muito mais velha, e de uma magreza prodigiosa. Uma mortalha, amarrada à volta da cabeça, pende, juntamente com os seus cabelos brancos, até ao fundo das pernas, finas como muletas. O brilho dos dentes, cor de marfim, tornam mais escura a sua pele terrosa. As órbitas dos olhos estão repletas de trevas, e lá ao fundo bruxuleiam duas chamas, como lâmpadas de sepulcro.

Avança, diz ela. Quem te retém?

ANTÃO

balbuciando:

Tenho medo de cometer um pecado!

ELA

retoma:

Mas o rei Saul matou-se! Razias, um justo, matou-se! Santa Pelágia de Antioquia matou-se! Dominina de Alepo e as suas duas filhas, e três outros santos, mataram-se —; e lembra-te de todos os confessores que corriam ao encontro dos seus carrascos, por impaciência para com a morte. Para dela gozarem mais rapidamente, as virgens de Mileto estrangulavam-se com os seus cordões. O filósofo Hegésias, em Siracusa, pregava tão bem a seu respeito que os homens abandonavam os lupanares para se irem enforcar nos campos. Os patrícios de Roma procuravam-na por deboche.

ANTÃO

Sim, é um amor poderoso! Muitos anacoretas sucumbem a ele.

A VELHA

Fazer algo que nos iguala a Deus, imagina! Ele criou-te, e tu destróis a sua obra, tu, através da tua coragem, livremente! O gozo de Heróstrato não foi superior. E, depois, o teu corpo já escarneceu bastante da tua alma para que, no fim, te vingues dele. Não sofrerás. Tudo terminará em breve. Que receias tu? Um grande buraco negro! Talvez ele esteja vazio, ou não?

Antão ouve sem responder —; e, do outro lado, aparece

OUTRA MULHER

jovem e bela, maravilhosamente bela. — Antão toma-a, de início, por Amonária.

Mas esta é mais alta, loura como o mel, muito gorda, com as bochechas maquilhadas e rosas na cabeça. A sua longa túnica, carregada de lantejoulas tem cintilações metálicas; os seus lábios carnudos parecem sanguinolentos, e as suas pálpebras, um pouco pesadas, estão tão inundadas de langor que dir-se-ia que era cega.

Ela murmura:

Vive, então, goza, então! Salomão recomenda a alegria! Vai para onde o teu coração te levar e de acordo com o desejo dos teus olhos!

ANTÃO

Que alegria posso encontrar? O meu coração está cansado, os meus olhos estão embaciados!

ELA

recomeça:

Dirige-te ao bairro de Racótis, empurra uma porta pintada de azul; e quando estiveres no átrio, onde um repuxo de água murmura, uma mulher apresentar-se-á — num peplo de seda branca alamado de ouro, os cabelos soltos, o riso semelhante ao retinir de crótalos. Ela é hábil. Provarás na sua carícia o orgulho de uma iniciação e o apaziguamento de uma necessidade.

Também não conheces os problemas dos adultérios, as escaladas, os raptos, a alegria de ver completamente nua aquela que respeitávamos vestida.

Alguma vez apertaste contra o peito uma virgem que te amasse? Lembras-te tu dos abandonos do seu pudor, e dos seus remorsos que se iam num fluxo de lágrimas doces!

Consegues imaginar a cena, não consegues? Os dois caminhando pelo bosque à luz da lua? À pressão das vossas mãos entrelaçadas, um frémito percorre-vos; os vossos olhos, tão próximos, vertem-se de um para o outro como ondas imateriais; e o vosso coração enche-se; rebenta; é um suave turbilhão, uma embriaguez transbordante…

A VELHA

Não é preciso possuir as alegrias para lhes sentir o amargor! Basta vê-las de longe, a mágoa toma conta de nós. Deves estar cansado da monotonia das mesmas ações, da duração dos dias, da fealdade do mundo, da estupidez do Sol!

ANTÃO

Oh, sim! Tudo o que ele ilumina me desgosta!

A JOVEM

Eremita! Eremita! Encontrarás diamantes entre os calhaus, fontes sob a areia, um deleite nos acasos que desprezas; e existem mesmo lugares tão belos na terra que sentimos desejo de a apertar de encontro ao coração.

A VELHA

Todas as noites, ao adormeceres sobre a terra, esperas que em breve ela te cubra!

A JOVEM

No entanto, acreditas na ressurreição da carne, que é o transporte da vida na eternidade!

A Velha, enquanto falava, ficou ainda mais descarnada; por cima do crânio, que já não tem cabelo, um morcego descreve círculos no ar.

A jovem tornou-se ainda mais gorda. A sua túnica reluz, agitam-se-lhe as narinas, os seus olhos reviram-se languidamente.

A PRIMEIRA

diz, abrindo os braços:

Vem, eu sou a consolação, o repouso, o esquecimento, a eterna serenidade!

e

A SEGUNDA

oferecendo os seios:

Eu sou a hipnotizadora, a alegria, a vida, a inesgotável felicidade!

Antão dá meia volta para fugir. Põem as duas as mãos sobre o ombro dele.

A mortalha afasta-se, revelando o esqueleto da Morte.

A túnica rasga-se, deixando ver todo o corpo da Luxúria, que tem uma cintura fina, nádegas enormes e grandes cabelos ondulados esvoaçando nas pontas.

Antão permanece imóvel entre as duas, avaliando-as.

A MORTE

diz-lhe:

Já ou daqui a pouco, que importa! Tu pertences-me, como os sóis, os povos, as cidades, os reis, a neve dos montes, a erva dos campos. Voo mais alto do que o gavião, corro mais depressa do que a gazela, firo até a esperança, venci o filho de Deus!

A LUXÚRIA

Não resistas; eu sou a omnipotente! As florestas ecoam com os meus suspiros, as ondas revolvem-se com as minhas agitações. A virtude, a coragem, a piedade, dissolvem-se no perfume da minha boca. Acompanho o homem em todos os passos que dá —; e, no limiar da sepultura, é para mim que ele se vira!

A MORTE

Revelar-te-ei aquilo que procuravas apreender, à luz dos archotes, na face dos mortos —, ou quando vagueavas para lá das Pirâmides, naquelas vastas areias compostas por destroços humanos. De quando em quando, um fragmento de crânio rolava sob a tua sandália. Pegavas num punhado de pó, fazia-lo correr por entre os dedos; e o teu pensamento, confundindo-se com ele, abismava-se no nada.

A LUXÚRIA

O meu abismo é mais profundo! Mármores inspiraram amores obscenos. Precipitamo-nos em encontros que apavoram. Prendemo-nos a correntes que amaldiçoamos. De onde vem o feitiço das cortesãs, a extravagância dos sonhos, a imensidão da minha tristeza?

A MORTE

A minha ironia supera todas as outras! Há convulsões de prazer nos funerais de reis, no extermínio de um povo —; e a guerra é feita com música, penachos, bandeiras, arneses de ouro, pompas cerimoniais para me prestarem ainda mais homenagens.

A LUXÚRIA

A minha cólera equivale à tua. Eu uivo, eu mordo. Tenho suores de agonizante e aspetos de cadáver.

A MORTE

Sou eu quem te concede gravidade; abracemo-nos!

A Morte escarnece, a Luxúria ruge. Enlaçam-se pela cintura e cantam em conjunto:

— Precipito a dissolução da matéria!
— Facilito a proliferação de germes!
— Destróis, para que eu renove!
— Geras, para que eu destrua!
— Ativa o meu poder!
— Fecunda a minha podridão!

E as suas vozes, cujos ecos, desdobrando-se, enchem o horizonte, tornam-se de tal forma fortes que Antão cai para trás. Uma sacudidela, de vez em quando, fá-lo entreabrir os olhos; e ele repara, no meio das trevas, numa espécie de monstro à sua frente.

É uma caveira, com uma coroa de rosas. Encima um torso de mulher de uma brancura nacarada. Por baixo, uma mortalha estrelada de pontos dourados faz de cauda —; e todo o corpo ondula, como uma minhoca gigantesca que se mantivesse de pé.

A visão atenua-se, desaparece.

ANTÃO

levanta-se.

Era outra vez o Diabo, no seu duplo aspeto: o espírito da fornicação e o espírito da destruição.

Nenhum dos dois me assusta. Repudio a felicidade e sinto-me eterno.

Assim, a morte não é senão uma ilusão, um véu, encobrindo, aqui e ali, a continuidade da vida.

Mas sendo a Substância única, porque é que as Formas são variadas?

Devem existir, em algum lugar, figuras primordiais, cujos corpos não passam de imagens. Se pudéssemos vê-los, conheceríamos a ligação entre matéria e pensamento, aquilo em que consiste o Ser!

Essas são as figuras que estavam pintadas na Babilónia, na parede do templo de Belus, e eram elas que cobriam um mosaico no porto de Cartago. Eu próprio, por vezes, vislumbrei-as no céu como formas espirituais. Aqueles que atravessam o deserto encontram animais que estão além de toda a conceção...

E diante dele, do outro lado do Nilo, eis que a Esfinge aparece.

Alonga as patas, sacode as faixas da fronte, e deita-se sobre o ventre.

Saltando, voando, expelindo fogo pelas narinas, e batendo nas asas com a sua cauda de dragão, a Quimera de olhos verdes rodopia, ladra.

Os anéis da sua cabeleira, soltos de um lado, entrelaçam-se aos pelos da zona lombar, e, do outro, pendem até à areia e agitam-se com o balanço de todo o seu corpo.

A ESFINGE

está imóvel, e olha para a Quimera:

Detém-te, Quimera; vem cá!

A QUIMERA

Não, nunca!

A ESFINGE

Não corras tão depressa, não voes tão alto, não ladres tão forte!

A QUIMERA

Não chames mais por mim, não chames mais por mim, já que permaneces sempre muda!

A ESFINGE

Para de atirar chamas ao meu rosto e de uivar aos meus ouvidos; não derreterás o meu granito!

A QUIMERA

Não me apanharás, esfinge terrível!

A ESFINGE

Para ficares comigo, és demasiado louca!

A QUIMERA

Para me seguires, és demasiado pesada!

A ESFINGE

Para onde vais tu, correndo assim tão depressa?

A QUIMERA

Galopo pelos corredores do labirinto, pairo sobre os montes, raso as ondas, ladro no fundo dos precipícios, agarro-me pela boca à borda das nuvens; com a minha arrastada cauda listro as praias, e as colinas ganharam as suas curvas segundo a forma das minhas espáduas. Mas a ti encontro-te perpetuamente imóvel, ou então, com a ponta das tuas garras a desenhares alfabetos sobre a areia.

A ESFINGE

É que eu guardo o meu segredo! Reflito e calculo.

O mar revolve-se no seu leito, o trigo balança ao vento, as caravanas passam, o pó levanta-se, as cidades ruem —;

e o meu olhar, que nada pode desviar, estende-se pelas coisas sobre um horizonte inacessível.

A QUIMERA

Já eu, eu sou ligeira e jovial! Revelo aos homens perspetivas deslumbrantes, com paraísos nas nuvens e felicidades longínquas. Derramo nas suas almas eternas demências, projetos de felicidade, planos para o futuro, sonhos de glória, e juras de amor e resoluções virtuosas.

Exorto-os às viagens perigosas e às grandes empresas. Cinzelei com as minhas patas as maravilhas da arquitetura. Fui eu que suspendi as campainhas do túmulo de Porsena e cerquei com um muro de oricalco os cais da Atlântida.

Procuro novos perfumes, flores maiores, prazeres não experimentados. Se me deparo em algum lugar com um homem cujo espírito assenta na sabedoria, caio sobre ele e estrangulo-o.

A ESFINGE

Devorei todos aqueles a quem o desejo de Deus atormenta.

Os mais fortes, para treparem até à minha fronte real, sobem pelas estrias das minhas faixas como pelos degraus de uma escadaria. A lassidão toma conta deles; e eles caem por si mesmos de costas.

Antão começa a tremer.

Já não está diante da sua cabana, mas no deserto —, tendo, de cada um dos lados, duas bestas monstruosas, cujas goelas lhe roçam o ombro.

A ESFINGE

Ó Fantasia, leva-me nas tuas asas para desanuviar a minha tristeza!

A QUIMERA

Ó Desconhecido, estou apaixonada pelos teus olhos! Como uma hiena no cio, ando à tua volta, solicitando as fecundações de que tanto preciso.

Abre a goela, levanta os pés, sobe para o meu dorso!

A ESFINGE

Os meus pés, de tão cansados, já não conseguem levantar-se. O líquen, como uma impigem, cresce na minha garganta. À força de tanto pensar, nada mais tenho a dizer.

A QUIMERA

Mentes, esfinge hipócrita! Porque é que me chamas sempre para depois me renegares?

A ESFINGE

És tu, capricho indomável, quem passa e turbilhona tudo à sua volta!

A QUIMERA

Então a culpa é minha? Como? Deixa-me!

Ladra.

A ESFINGE

Remexes-te, escapas-me!

Rosna.

A QUIMERA

Tentemos! — Esmagas-me!

A ESFINGE

Não! Impossível!

E, afundando-se pouco a pouco, desaparece na areia —, enquanto a Quimera, que rasteja com a língua de fora, se afasta descrevendo círculos.

O bafo da sua boca produziu uma névoa.

Nessa bruma, Antão entrevê espirais de nuvens, curvas mal definidas.

Por fim, distingue como que aparências de corpos humanos;

Em primeiro lugar, avança

O GRUPO DOS AOSTOMOS

semelhantes a bolhas de ar atravessadas pelo sol.

Não sopres com demasiada força! As gotas de chuva mortificam-nos, os sons falsos ferem-nos, as trevas cegam-nos.

Compostos por brisas e perfumes, nós volteamos, flutuamos — um pouco mais do que sonhos, mas ainda não seres...

OS NISNAS

não têm senão um olho, um dos lados da face, uma mão, uma perna, apenas metade do corpo, metade do coração. E dizem, muito alto:

Vivemos muito confortavelmente nas nossas metades de casas, com as nossas metades de mulheres e as nossas metades de filhos.

OS BLÉMIOS

completamente desprovidos de cabeça:

Os nossos ombros são mais largos —; e não há boi, rinoceronte ou elefante capaz de carregar o que carregamos.

Uma espécie de traços, e como que um vago rosto gravado nos nossos peitos, eis tudo! Pensamos digestões, subtilizamos secreções. Deus, para nós, flutua em paz nos quimos interiores.

Andamos em linha reta pelos nossos caminhos, atravessando todos os pântanos, contornando todos os abismos —; e somos as pessoas mais laboriosas, mais felizes, mais virtuosas.

OS PIGMEUS

Homens bonzinhos e pequenos, enxameamo-nos pelo mundo como a vermina sobre a bossa de um dromedário.

Queimam-nos, afogam-nos, esmagam-nos; e reaparecemos sempre, mais vivazes e mais numerosos —, terríveis pela quantidade!

OS MONÓPODES

Presos à terra pelas nossas cabeleiras, longas como lianas, vegetamos ao abrigo dos nossos pés, grandes como guarda-sóis; e a luz chega até nós através da espessura dos nossos calcanhares. Nada de preocupações e nada de trabalho! — A cabeça tão baixa quanto possível, esse é o segredo da felicidade!

As suas coxas salientes, semelhantes a troncos de árvores, multiplicam-se. E surge uma floresta. Grandes macacos correm por ela em quatro patas; são homens com cabeça de cão.

OS CINOCÉFALOS

Saltamos de ramo em ramo para sugar os ovos e depenamos os passarinhos; depois, colocamos os seus ninhos sobre as nossas cabeças, como se fossem barretes.

Não deixamos de arrancar as tetas das vacas; e vazamos os olhos dos linces, defecamos do alto das árvores, ostentamos a nossa torpeza em pleno sol.

Lacerando as flores, triturando os frutos, turvando as nascentes, violando as mulheres, somos os senhores de tudo — pela força dos nossos braços e pela ferocidade do nosso coração.

Força, companheiros! Fazei ranger os vossos maxilares!

Sangue e leite pingam dos seus beiços. A chuva escorre pelos seus dorsos felpudos.

Antão aspira a frescura das folhas verdes.

Elas agitam-se, os galhos entrechocam-se; e, de repente, aparece um grande cervo negro, com cabeça de touro, que tem entre as orelhas uma armação de chifres brancos.

O SADHUZAG

As minhas setenta e quatro hastes são ocas como flautas. Quando me viro para o vento sul, saem sons que atraem até mim os animais extasiados. As serpentes enrolam-se nas minhas pernas, as vespas colam-se-me às narinas, e os papagaios, as pombas e os íbises despenham-se nos meus galhos. — Escuta!

Vira os seus chifres, dos quais escapa uma música inefavelmente doce.

Antão aperta o peito com ambas as mãos. Parece-lhe que aquela melodia vai arrebatar a sua alma.

O SADHUZAG

Mas quando me viro para o vento norte, os meus galhos, mais cerrados do que um batalhão de lanças, soltam um uivo; as florestas estremecem, os rios remontam, as vagens dos frutos rebentam e as ervas eriçam-se como os cabelos de um cobarde.

— Escuta!

Inclina a galhadura, de onde saem gritos dissonantes; Antão sente-se como que dilacerado.

E o seu horror aumenta ao ver:

A MANTICORA

um gigantesco leão vermelho, de rosto humano, com três fileiras de dentes.

O matizado da minha pelagem escarlate mistura-se à reverberação dos grandes areais. Solto pelas minhas narinas o pavor das solidões. Cuspo a peste. Devoro os exércitos, quando eles se aventuram no deserto.

As minhas garras são torcidas como verrumas, os meus dentes talhados em forma de serra; e a minha cauda, que se contorce, é eriçada de dardos que eu atiro para a direita, para a esquerda, para a frente e para trás. — Olha! Olha!

A Manticora lança os espinhos da sua cauda; que irradiam como flechas em todas as direções. Chovem gotas de sangue, estalando ruidosamente sobre a folhagem.

O CATÓBLEPA

búfalo preto, com uma cabeça de porco que pende até ao chão, cabeça essa presa às espáduas por um pescoço fino, longo e flácido como uma tripa vazia.

Está esparramado no chão; e as patas desaparecem debaixo da enorme crina de pelos ásperos que lhe cobre o focinho.

Gordo, melancólico, feroz, sinto continuamente sob o meu ventre o calor da lama. O meu crânio é tão pesado que é impossível carregá-lo. Enrolo-o à minha volta, lentamente —;

e, de mandíbula entreaberta, arranco com a minha língua as ervas venenosas, aspergidas pelo meu bafo. Uma vez devorei as minhas patas sem disso me aperceber.

Digo-te Antão, ninguém alguma vez viu os meus olhos, e aqueles que os viram morreram. Se levantasse as minhas pálpebras — as minhas pálpebras rosas e túmidas —, morrerias de imediato.

ANTÃO

Oh, aquele!... tem... tem... E se a inveja tomasse conta de mim? A sua estupidez atrai-me. Não! Não! Não quero!

Olha fixamente para o chão.

Mas as ervas incendeiam-se, e nas contorções das chamas ergue-se

O BASILISCO

grande serpente violeta de crista trilobada, com dois dentes, um em cima, um em baixo.

Tem cuidado, vais cair na minha goela! Eu bebo fogo. O fogo, sou eu —; e de todas as coisas o aspiro: das nuvens, das pedras, das árvores mortas, do pelo dos animais, da superfície dos pântanos. A minha temperatura sustenta os vulcões; sou eu que dou brilho às pedras preciosas e cor aos metais.

O GRIFO

leão com bico de abutre, asas brancas, patas vermelhas e pescoço azul.

Eu sou o senhor dos esplendores profundos. Conheço o segredo dos túmulos onde dormem os velhos reis.

Uma corrente, que sai da parede, mantém as suas cabeças erguidas. Perto deles, em bacias de pórfiro, mulheres que eles amaram flutuam em líquidos negros. Os seus tesouros estão dispostos em salas, formando losangos, montículos, pirâmides —; e, mais abaixo, bem abaixo dos túmulos, depois de longas caminhadas no meio de trevas sufocantes, há rios de ouro com florestas de diamantes, prados de rubis, lagos de mercúrio.

Apoiado de encontro à porta do subterrâneo e com as garras de fora, espio com as minhas pupilas flamejantes aqueles que arriscarem vir. A planície imensa, até à linha do horizonte, é completamente nua e branqueada pelos ossos dos viajantes. Para ti, os batentes de bronze abrir-se-ão, e aspirarás o vapor das minas, descerás às cavernas... Rápido! Rápido! Rápido!

Escava a terra com as patas, gritando como um galo.

Mil vozes respondem-lhe. A floresta estremece.

E aparecem todos os tipos de medonhas bestas: o Tragelafo, metade cervo, metade boi; o Mirmecoleão, leão à frente, formiga atrás, e cujos genitais estão ao contrário; o pitão Aksar, de sessenta côvados, que aterrorizou Moisés; a grande doninha Pastinaca, que mata as árvores com o seu fedor; o Presteros, cujo toque torna qualquer um imbecil; o Mirag, lebre cornuda, habitante das ilhas do oceano. O leopardo Falmant, que rebenta o seu ventre à força de tanto uivar; o Senad, um urso de três cabeças, que dilacera as suas crias com a língua; o cão Cépus, que espalha sobre os rochedos o leite azul das suas tetas. Mosquitos põem-se a zumbir, sapos a saltar, serpentes a sibilar. Relâmpagos brilham. Granizo cai.

Rajadas de vento levantam-se, cheias de prodigiosas anatomias. São cabeças de jacaré com patas de corça, corujas com caudas de serpente, cerdos de focinho de tigre, cabras com garupa de asno, rãs felpudas como ursos, camaleões grandes como hipopótamos, bezerros com duas cabeças, uma das quais chora e a outra muge, fetos quádruplos presos pelo cordão umbilical e valsando como piões, ventres alados que esvoaçam como mosquitos.

Chove do céu, jorra da terra, escorre das rochas.

Por todo o lado, pupilas flamejam, goelas rugem; os peitos abaulam-se, as garras alongam-se, os dentes chiam, as carnes estalam. Havia os que pariam, outros copulavam, ou entredevoravam-se com uma única dentada.

Asfixiando sob o peso do seu número, multiplicando-se por mero contacto, trepam uns sobre os outros —; e todos se movimentam em torno de Antão com um balançar regular, como se o chão fosse o convés de um navio. Sente na barriga das pernas a baba das lesmas, nas mãos o frio das víboras; e aranhas, fiando a sua teia, enclausuram-no numa rede.

Mas o círculo dos monstros entreabre-se, o céu torna-se subitamente azul, e

O LICORNE

aparece.

A galope! A galope!

Tenho cascos de marfim, dentes de aço, cabeça cor de púrpura, corpo cor de neve, e o corno na minha fronte mescla as cores do arco-íris.

Viajo da Caldeia para o deserto tártaro, pelas margens do Ganges e pela Mesopotâmia. Ultrapasso as avestruzes. Corro tão depressa que arrasto o vento. Esfrego o dorso contra as palmeiras. Rebolo entre os bambus. Com um só salto transponho os rios. As pombas voam por cima de mim. Apenas uma virgem pode refrear-me.

A galope! A galope!

Antão vê-o fugir.

E, permanecendo de olhos levantados, avista todas as aves que se alimentam do vento:

o Guith, o Ahuti, o Alfalim, o Iukneth das montanhas de Caff, os Homai dos Árabes, que são as almas dos homens assassinados. Ouve os papagaios proferirem palavras humanas, e depois os grandes palmípedes pelásgicos que soluçam como crianças ou zombam como mulheres velhas.

Um ar salino fustiga as suas narinas. Uma praia estende-se agora diante dele.

Lançados por baleias, jatos de água elevam-se ao longe; e do fundo do horizonte

AS BESTAS DO MAR

redondas como odres, chatas como lâminas, dentadas como serras, avançam, arrastando-se sobre a areia.

Vem connosco, para as nossas imensidões onde jamais alguém desceu!

Vários povos habitam os países do Oceano. Uns estão na morada das tempestades; outros nadam no meio da transparência das ondas frias, pascem como bois nas planícies de coral, aspiram pelas suas trombas o refluxo das marés, ou carregam sobre os ombros o peso das nascentes do mar.

Fosforescências brilham nos bigodes das focas, nas escamas dos peixes. Ouriços do mar giram como rodas, os cornos de Ámon desenrolam-se como cabos, ostras fazem ranger as articulações das suas conchas, pólipos desenrolam os seus tentáculos, alforrecas fremem como bolas de cristal, esponjas flutuam, anémonas cospem água; musgos e sargaços crescem.

E plantas de todo o tipo estendem-se em ramos, torcem-se em gavinhas, alongam-se em espigões, arredondam-se em leque. As abóboras fazem lembrar seios, as lianas enlaçam-se como serpentes.

As dedaleiras da Babilónia, que são árvores, têm por frutos cabeças humanas; as mandrágoras cantam, a raiz do baarás corre na erva.

Os vegetais já não se distinguem dos animais. Os coralitos, que parecem sicómoros, têm braços nos ramos. Antão julga ver uma lagarta entre duas folhas; é uma borboleta que levanta voo. Quando está a ponto de pisar um seixo, um gafanhoto cinzento salta. Insetos, semelhantes a pétalas de rosa, cobrem um arbusto; restos de efémeras formam no chão um leito nevado.

E depois as plantas confundem-se com as pedras.

Calhaus assemelham-se a cérebros, estalactites a mamas, flores de ferro a tapeçarias ornadas de figuras.

Em fragmentos de gelo, ele distingue eflorescências, marcas de arbustos e de conchas — sem saber se são as marcas dessas coisas ou as próprias coisas. Diamantes brilham como olhos, minerais vibram.

E ele já não tem medo!

Deita-se de barriga para baixo, apoia-se sobre ambos os cotovelos; e, sustendo o fôlego, olha.

Insetos que já não têm estômago continuam a comer; fetos ressequidos desatam a florescer; partes que faltavam voltam a crescer.

Por fim, avista pequenas massas globulares, grandes como cabeças de alfinete e guarnecidas a toda a volta de cílios. Uma vibração agita-as.

ANTÃO

delirante:

Ó felicidade! Felicidade! Vi nascer a vida, vi o movimento começar.

O sangue nas minhas veias bate com tanta força que vai rebentá-las, apetece-me voar, nadar, ladrar, gritar, uivar. Gostaria de ter asas, uma carapaça, uma casca, soltar fumo, ter uma trompa, torcer o corpo, dividir-me por todo o lado, estar em tudo, emanar com os odores, crescer como as plantas, fluir como a água, vibrar como o som, brilhar como a luz, contrair-me em todas as formas, penetrar cada átomo, descer até às profundezas da matéria —, ser a matéria!

O dia nasce, por fim; e como as cortinas de um tabernáculo que são corridas, nuvens de ouro, enrolando-se em grandes volutas, deixam ver o céu.

No centro, e no próprio disco do Sol, resplandece o rosto de Jesus Cristo.

Antão faz o sinal da cruz e remete-se às orações.